汪 洋◎著

一看就懂的
日本蜡烛图技术
全图解

北京理工大学出版社
BEIJING INSTITUTE OF TECHNOLOGY PRESS

版权专有　侵权必究

图书在版编目（CIP）数据

一看就懂的日本蜡烛图技术全图解 / 汪洋著. —北京：北京理工大学出版社，2015.6（2019.6 重印）
ISBN 978-7-5682-0518-4

Ⅰ.①—…　Ⅱ.①汪…　Ⅲ.①股票投资-基本知识　Ⅳ.①F830.91

中国版本图书馆CIP数据核字（2015）第080081号

出版发行 /	北京理工大学出版社有限责任公司
社　　址 /	北京市海淀区中关村南大街5号
邮　　编 /	100081
电　　话 /	（010）68914775（总编室）
	82562903（教材售后服务热线）
	68948351（其他图书服务热线）
网　　址 /	http://www.bitpress.com.cn
经　　销 /	全国各地新华书店
印　　刷 /	北京市雅迪彩色印刷有限公司
开　　本 /	880毫米×1230毫米　1/32
印　　张 /	6.25
字　　数 /	137千字
版　　次 /	2015年6月第1版　2019年6月第7次印刷
定　　价 /	31.80元

责任编辑 / 刘永兵
文案编辑 / 刘永兵
责任校对 / 孟祥敬
责任印制 / 李志强

图书出现印装质量问题，请拨打售后服务热线，本社负责调换

目录

第一章　初步认识蜡烛图

学习蜡烛图的目的 ······ 2
蜡烛图的发展历史 ······ 3
为什么蜡烛图在股票交易中如此重要 ······ 5
蜡烛图的优点和缺点 ······ 7
如何识别蜡烛图 ······ 8
蜡烛图的绘制方法 ······ 10
蜡烛图示例 ······ 14

第二章　市场持续同一状态的蜡烛图

窗口 ······ 16
跳空并列阴阳线 ······ 20
跳空突破 ······ 24
跳空并列阳线 ······ 26
上升三法与下降三法 ······ 28
铺垫形态 ······ 31
前进白色三兵 ······ 33

受阻形态 ·· 35
停顿形态 ·· 39
分手线 ·· 43
三线直击形态 ·· 46

第三章　有可能带来市场反转信号的蜡烛图

锤子线和上吊线 ····································· 50
抱线形态 ·· 53
乌云盖顶 ·· 56
刺透形态 ·· 58
待入线 ·· 60
切入线 ·· 62
插入线 ·· 64
星线 ··· 66
流星 ··· 72
弃婴形态 ·· 74
倒锤子线 ·· 77
孕线 ··· 79
十字孕线 ·· 82
家鸽形态 ·· 84
俯冲之鹰形态 ·· 86
三内升与三外升 ····································· 88
三外升与三外降 ····································· 90
平头顶与平头底 ····································· 92

目录

捉腰带线 …………………………………… 95

白色一兵 …………………………………… 98

一只乌鸦 …………………………………… 100

两只乌鸦 …………………………………… 102

两只兔子 …………………………………… 104

向上跳空两只乌鸦 ………………………… 106

向下跳空两只兔子 ………………………… 108

三只乌鸦 …………………………………… 110

三只乌鸦接力 ……………………………… 112

南方三星 …………………………………… 114

北方三星 …………………………………… 116

藏婴吞没 …………………………………… 118

竖状三明治形态 …………………………… 120

相同低价形态 ……………………………… 123

相同高价形态 ……………………………… 125

挤压报警形态 ……………………………… 127

三次向上跳空形态 ………………………… 131

三次向下跳空形态 ………………………… 133

脱离形态 …………………………………… 135

触底后向上跳空形态 ……………………… 137

触顶后向下跳空形态 ……………………… 139

梯形顶部形态 ……………………………… 141

梯形底部形态 ……………………………… 143

反击线 ……………………………………… 145

三山形态与三川形态 …………………………………………… 149

塔形形态 ………………………………………………………… 153

圆形形态 ………………………………………………………… 155

第四章　神奇的十字线

具有非凡重要性的十字线 ……………………………………… 158

出现在市场顶峰的十字线 ……………………………………… 160

蜻蜓十字线 ……………………………………………………… 162

长腿十字线 ……………………………………………………… 163

墓碑十字线 ……………………………………………………… 164

十字线的三星形态 ……………………………………………… 166

第五章　蜡烛图与部分技术方法的共同使用

蜡烛图与趋势线 ………………………………………………… 170

蜡烛图与移动平均线 …………………………………………… 179

蜡烛图与百分比回撤 …………………………………………… 183

蜡烛图与摆动指数 ……………………………………………… 186

蜡烛图技术总结 ………………………………………………… 189

使用说明书

《一看就懂的日本蜡烛图技术全图解》是一本帮助技术分析初学者熟练掌握蜡烛图的实用操作指南。全书共5章，每章分为若干节，个别小节之内又细化为若干小标题。为了让读者尽快掌握蜡烛图的各种形态，从而以快捷有效的方式采取行动，本书的文字可谓简单明了，在每个部分的编排上也尽量做到一清二楚。

大标题

每章都分为几个大标题，而每个大标题都为读者揭示了该篇要掌握的知识要点。

小节标题

对应本节内容，具体阐述某种蜡烛图的实际形态。

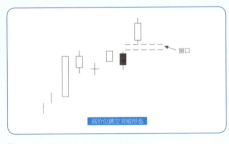

在阅读页面上，结合通俗易懂的语言释义，更多地采取图解的方式来辅助理解复杂的概念。另外，每章节的简介，借助意味深长的谚语，进一步加深读者的印象，从而使枯燥无味的技术分析方法妙趣横生。只要切实掌握这本书的内容，你就能在金融市场游刃有余地掌控自己的资产动向。

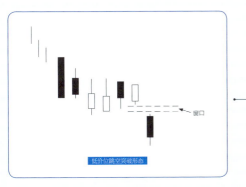

章名

概述蜡烛图技术所涉及的各方面内容，每章都有一个明确的主题。

图解

将蜡烛图的实际形态以图表的形式罗列出来，能够使章节叙述的内容，更直观地呈现在读者面前，帮助读者在理解的同时，更好地进行实际操作。

第一章
初步认识蜡烛图

　　日本有句谚语:"若没有桨,您就不能靠船渡河。"说的是如果没有桨,是不可能仅仅依靠船来渡过河流的。金融市场从来都是瞬息万变,因此,了解并掌握蜡烛图的基础知识就显得尤为重要。本章正是为投资者提供的渡河之桨。

学习蜡烛图的目的

在激动人心又富有挑战性的金融市场里,有一项技术分析理论已经经受了数百年的洗礼,那就是日本的蜡烛图技术。它不像传统的条形图那样冰冷无情,而是采用色彩分明的红绿蜡烛线来显示当前市场是看跌还是看涨的流行方法。通过蜡烛图技术的学习,您很快就会发现蜡烛图就像一个会讲故事的演说家,它能够通过自己不断变化的形态,快速地告诉您某只股票的价格趋势。

蜡烛图技术,既可以运用到股票市场,也可以运用到期货市场、期权市场或者其他任何适合此项技术的领域。也就是说我们利用它既可以进行投机交易,也可以进行保值交易。这种技术是一位多面手,能够与任何西方技术分析工具合而为一、相得益彰。同时,它应用起来非常有趣,又得心应手。

如果您是一位经验丰富的技术分析能手,那么您将会发现结合其他技术分析指标,蜡烛图技术会以极高的准确度判别一只股票未来可能的走向,从而为您赢得更有利的投资时机。

如果您是一位菜鸟级别的技术分析爱好者,那么通过本书的学习,您将会发现蜡烛图技术不但通俗易懂,而且还非常有趣。那些栩栩如生的蜡烛线形态,将会帮助您更好地理解其中的含义。

总之,作为一位交易员或是投资者,随着您识别蜡烛图信号的能力与日俱增,您所掌握的蜡烛图技术绝对会提升您在金融市场财富积累的成功概率。

蜡烛图的发展历史

蜡烛图技术最先起源于日本。由于当时缺乏统一的货币来作为市场交易的衡量标准，作为生活必需品的大米就充当了交易的媒介。然后米市交易商们就把大米囤积在当时最繁荣的大阪仓库里，然后再根据市场的具体情况来完成实际交易。所以，日本最早的期货市场是在大米交易市场里逐渐形成的。

到了德川幕府中期，1700年左右，有位名叫本间宗久的大米交易商，根据天气变化状况以及市场参与者的心理，研究出一套非常适合于大米交易市场的技术法则。他巧妙地运用这些交易策略，迅速帮助自己积累了巨额的财富，也日益建立了他在日本大米市场的龙头地位。随着1870年日本股票市场的成立，本间宗久运用的交易技术法则，逐渐演变成日本技术分析师广泛使用的蜡烛图分析方法。

同时，我们不难发现，在当时复杂的战乱背景下，蜡烛图技术的专业术语中带有浓重的军事战略痕迹。因为在实际的市场交易过程中确实需要运用很多类似兵法的技巧和方法，包括敌我心理、攻守时机、战略撤退以及带有神秘色彩的运气等各方面的因素，在这样的情况下，例如"前进白色三兵""乌云盖顶""反击线""墓碑线""三只乌鸦""三山形态与三川形态""俯冲之鹰"等很多军事行话，也逐渐延伸到蜡烛图技术里。所以，把蜡烛图比喻成金融市场的军事地图，可谓是恰如其分。两者都可以按图索骥，分析当前局势的发展动态，然后再结合其他的技术手段，进而争取有利的时机，来决定下一步战略计划。

在国内的金融市场上，蜡烛图也逐渐被应用到股票、期货、债券、外汇等投资领域。无论是市场参与者还是研究学者们，都把蜡烛图表作为市场交易中最重要的参考信息。

通过蜡烛图色彩分明的展示，我们可以很明显地感受到蜡烛图鲜明生动的市场发展趋势，这是传统条形图绝对无法比拟的，而且，它通俗易懂的技术名称，也是蜡烛图能风靡全球金融市场的主要原因之一。

最初的蜡烛图形态，从一根到三根蜡烛线逐渐组成，而包含越多的市场信息的蜡烛图组合形态，对市场的影响就越大。所谓"一叶落而知天下秋，一果熟而知万物硕"，这就是蜡烛图技术所追求的最高境界。因为无论什么样的市场变化，都可以从之前的发展趋势中找到蛛丝马迹。从这个意义上来说，也就是谁能最先准确无误地找到这些预示市场发展前景的线索，谁就有可能占得先机继而获利或保值止损。反之，越晚感受到市场变动的投资者，获利空间越小，而等到整个市场彻底明朗化，几乎所有熟知市场规律的人都能看出头绪的时候，不但获利的机会所剩无几，甚至风险已悄然临近。所谓"福兮祸之所倚，祸兮福之所伏"，物极必反，此时的市场完全有可能向相反方向发生反转。这也是蜡烛图发展过程中逐渐显露出来的特性之一。

从蜡烛图的发展轨迹，我们可以看到，它是在市场发展规律的基础上成长起来的技术理论，并被后来者逐渐发展完善。

为什么蜡烛图在股票交易中如此重要

金融市场的参与者通常都是采用基本面分析法和技术分析法来进行投资研究和决策的。基本面分析更多的是从宏观领域来关注相关的财务信息,而技术分析则可以通过蜡烛图形态来评估股票或者其他金融工具的市场表现。

下面,我们将从四个方面来展示蜡烛图在股票交易市场中的重要性。

(1)基本面分析的重要性固然无可替代,然而,在瞬息万变的市场形态里,却不能迅速地显示参与者的心理因素在市场中的重要性。而无数的市场实例证明,市场参与者的情绪波动时刻都会影响到市场基本面的状况,其中时间越短,心理因素在市场中的重要性就会越显著。通过仔细观察,我们可以发现,在很多形势一片大好的基本面预期之下,却遭遇了市场的狂跌不止。就像证券投资专家伯纳德·巴鲁克曾经提到过的那样:市场波动之中最重要的因素并不是事件本身,而是人们对于事件的反应。就算我们发现一只股票的基本面非常优秀,但是当整个大盘剧烈下跌时,谁能保证这只股票还能继续上涨或是纹丝不动呢。由此可以预见,当大盘整体下跌时,这只基本面并未发生波动的股票一定会受到影响。而蜡烛图正是我们洞察市场参与者情绪状态的最有力的工具。

(2)蜡烛图通过一系列的组合形态,帮助参与者客观地面对市场,从而减缓其负面的情绪,结合相应的技术分析,权衡风险与回报的比率,从而选定入市或出市的时机。就像著名的交易商杰西·利弗莫尔曾经说过的那样：只有离开研究对象一定的距离，才能更好地观察它的全貌。

（3）虽然蜡烛图作为反映市场信号的技术分析方法已经很重要，但也正因为此，它也会构成推动市场向前发展的主要动力。因此，我们对蜡烛图的组合形态心存戒备是非常有必要的。

（4）在股票交易市场，无论是蜡烛图的即时形态还是周期形态都可以展示不同时期的市场供求关系，而价格变化首当其冲地充当了这一先锋，一方面，市场参与者对市场的反应确实会影响价格的变化；而相对的，价格的变化也会反过来影响市场参与者对市场的反应。所以，在研究市场动态的过程中，遵循并考虑蜡烛图显示出来的价格信号是十分必要的。

最后，需要补充的是，通过观察市场总体的供求关系，我们会发现，观察价格变化是最直观、最便捷的一种方法。因为有些股票基本面的消息，普通的投资大众或许根本无缘得知，但是我们可以通过它们当前的发展趋势，进行下一步的预估，而接下来的走向肯定隐藏在已经暴露出来的价格信息之内。如果有人凭借技术分析先于他人得知了某种影响市场价格变化的信息，那他完全可以抢在市场爆发之前买进或卖出，极可能抢先在市场上买进或者卖出，直至市场的价格变化抵消他掌握的信息才会罢手。也就是说，当前的市场价格充分反映了当前发生的一切市场信息，不论这些信息是不是在当初事件发生的时候就已经被市场吸收消化掉了，还是有少数人已经占领了先机。

一言以蔽之，蜡烛图比传统的条形图能更精准地向您展示市场发展的趋势。如果对蜡烛图熟练掌握并运用得当的话，它不但能很好地保护您的本钱不受损害，还能提高您在投资交易市场的成功率。

蜡烛图的优点和缺点

> **蜡烛图的优点**

（1）非常形象生动地展示了市场上激烈变化的供求状况。

（2）它不但能迅速展示市场的发展趋势，还可以直观地显现一段趋势背后隐藏的力量。

（3）通过阶段性交易走势就能传递出市场即将出现的反转信号，可以为即时交易提供非常宝贵的交易机会。

（4）适用于任何时间架构的交易图表，也能够给市场参与者的心理提供瞬时图像。

> **蜡烛图的缺点**

（1）绘制方法非常繁杂，属于众多走势图中较难制作的类型。

（2）必须等到交易结束，蜡烛图形态原形毕露之后才能提供有效的市场信号。

（3）虽然能区分出支撑线和阻挡线，但并不能提供目标价位来决定投资交易中的具体时机。

（4）阳线与阴线变化多端，对入门级别的人来说，掌握组合形态的蜡烛图较为困难。

如何识别蜡烛图

日本有句谚语叫："若没有桨，您就不能靠船渡河。"说的就是只有识别蜡烛图的基本知识才能更好地为投资者提供参考价值。正如条形图是通过一根自上而下的线段来表示最高价和最低价一样，蜡烛图也有自身的最高价和最低价，只是两者之间的连接部分，我们把它称为实体。如下图A白色实体意味着收盘价高于开盘价，因为白色实体的顶部是该时段的收盘价，其底部是该时段的开盘价，也称为阳线。而下图B黑色实体意味着收盘价低于开盘价，黑色实体的顶部是该时段的开盘价，其底部是该时段的收盘价。任何时间架构的市场交易数据都可以绘制出蜡烛图，无论是即时蜡烛线还是周期蜡烛图，无一例外。

在蜡烛图的实体顶部延伸出来的垂直线段，就是蜡烛线的上影线和下影线。上影线的最高点是该蜡烛线的最高价，下影线的最低点是该蜡烛线的最低价。虽然蜡烛图和条形图使用同样的原始数据，但不同的是蜡烛图可以通过它自身的颜色和上下影线的长度，更加生动形象地为我们展示当前市场到底是由买方还是卖方来占据主导地位。

例如，当某只股票在收盘时刻，其实体呈现黑色时，说明收盘价低于开盘价，熊方居于优势。反之，当某只股票在收盘时刻，其实体呈现白色时，说明收盘价高于开盘价，牛方占据主位。对于在一天之内守着图表等待数个小时的市场参与者而言，蜡烛图的颜色分明，不但增强了他们的视觉感受，还为他们提供了该只股票是看涨还是看跌的市场反转信号，为他们的投资提供有效的参考。

蜡烛图同传统的条形图一样，每一个都代表着具体的时间段。在日蜡烛线中，每根蜡烛线代表一天的交易情况。同样的，在周蜡烛线中，每根蜡烛线代表一周的交易情况。在某些特殊时刻，蜡烛线还能形成以分为时间单位的交易情况。

无论是黑色还是白色，一个长长的蜡烛线实体的出现，都意味着当前市场正在由某一方主宰市场的强烈意愿。而一个小小实体的蜡烛线，则说明市场参与者对于控制市场走向缺乏坚定的信心和必胜的实力，牛方发动进攻将价格推上了高价，熊方却又将价格打落下去。

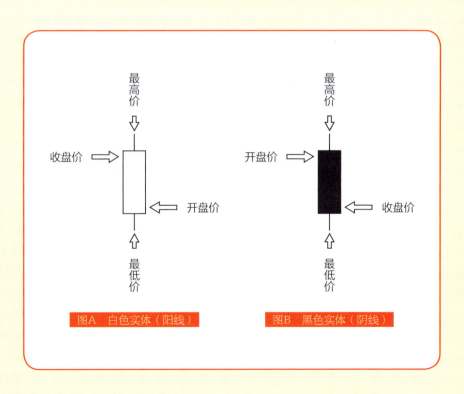

蜡烛图的绘制方法

（1）**确定某只股开盘价**。开盘价，为某只股票当天9：30分开盘时的价格。如下图所示，在空白界面画下一条直线，代表开盘时该只股的价格（此图中有两条直线，标号①、标号②用作不同类型的蜡烛图说明）。

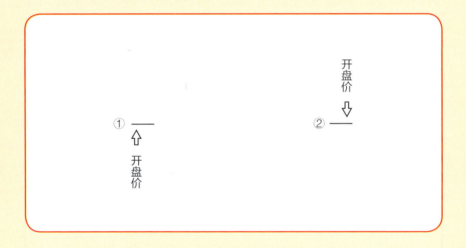

（2）**确定个股收盘价**。收盘价，即某只股票在15：00点收盘时的价格。如下图所示，在开盘价的垂直位置画一条直线，两条直线平行且相等。如果开盘价低于收盘价，就把收盘价画在开盘价上方，如标号①所示；如果开盘价高于收盘价，就把收盘价画在开盘价下方，如标号②所示。

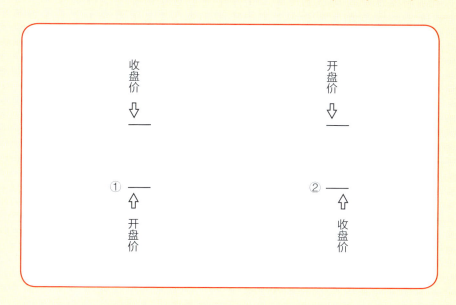

(3)封闭图形。即把开盘价和收盘价用直线相连,做成一个密闭的空间,即可形成一个实体。

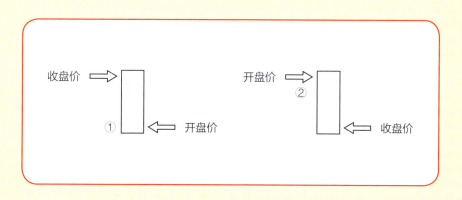

(4)确定个股当天的最高价。下图标号①中,收盘价高于开盘价,最高价画在收盘价上方,用竖线表示,最高点即最高价(如果收盘价等于最高价,则不用画竖线);标号②中,开盘价高于收盘价,

最高价画在开盘价上方,用竖线表示,最高点即最高价(如果开盘价等于最高价,则不用画竖线)。

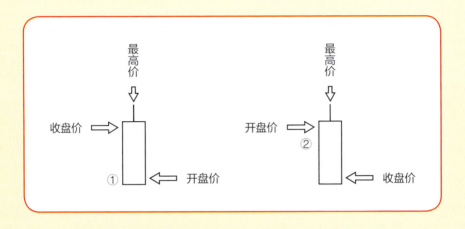

(5)确定个股当天的最低价。最低价的画法同最高价的画法,注意点是标号①和标号②有所区别,详见第四步。

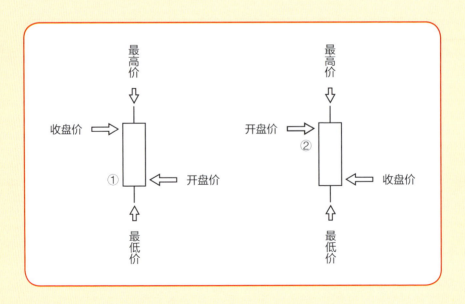

（6）填充颜色。开盘价低于收盘价的蜡烛图，如下图标号①，为白色柱体。通常代表上涨。开盘价高于收盘价的蜡烛图，如下图标号②，为黑色柱体。通常代表下跌。

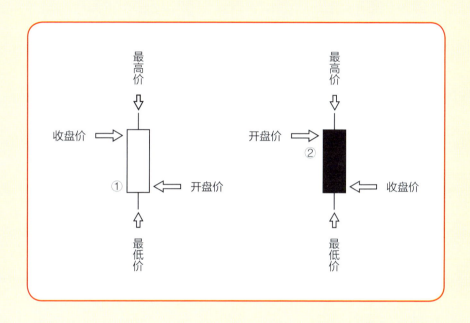

蜡烛图示例

某个股一周内的价格趋势如下表所示:

价格 日期	最高价	开盘价	收盘价	最低价
星期一	22.10	21.65	21.70	21.60
星期二	21.90	21.70	21.65	21.55
星期三	22.10	21.65	21.90	21.60
星期四	22.05	21.95	21.75	21.65
星期五	21.80	21.70	21.50	21.40

根据上表价格趋势绘制出该个股的蜡烛图形态:

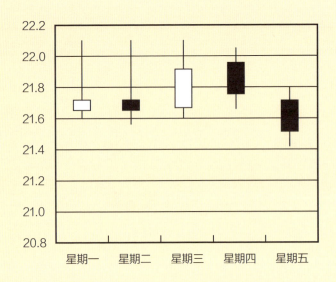

第二章
市场持续同一状态的蜡烛图

　　古语有云:"授人以鱼不如授人以渔。"说的是传授给人知识,不如传授给人学习知识的方法。学习蜡烛图,亦是同样的道理。本章就是通过识别市场同一形态的蜡烛图来了解资本市场的变化莫测,从而帮助投资者明确市场下一步的动态,以便做出更好的投资策略。

窗口

蜡烛图中所谓的窗口，是指市场出现一个不发生任何交易活动的价格区域，亦称为价格真空。它和西方技术分析中的跳空属于同一回事，然而，日本的技术分析师认为窗口自有它独特的用处，当一个窗口形成后，如果市场已经开始调整，那么，市场价格将会回到该窗口处。也就是说，市场完全有可能回过头来试探一个打开的窗口，因此，市场参与者可以按照窗口形成的方向建立头寸。

根据持续形态的发展趋势，窗口也分为上升窗口和下降窗口。在下面所示的上升窗口和下降窗口的中，我们可以看到，要构成窗口，前一根的蜡烛线和后一根蜡烛线之间必须有空隙，不管这空隙有多大，两根蜡烛线之间的最高点和最低点绝对不能有交叉。如果蜡烛图的实体部分没有重叠交叉，只有影线部分交叉了，也构不成窗口。

因此，在上涨趋势中，窗口的出现，意味着市场价格将进一步上升。此时，我们可以把当前窗口当成买进的参考点，当市场价格向下回落时，这个窗口将形成其底部支撑区域。如果市场在向下回落时关闭了这个窗口，而市场的抛出压力依然无力消退，那先前的上涨趋势就荡然无存。

反之，如果在下降趋势中，出现了一个窗口，则意味着市场还将进一步下跌，我们应该采取与上述相反的策略，作为抛出的参考点。因为此后形成的任何向上的价格反弹，都会在这个窗口遭到阻挡。如果该窗口在向上走高时被关闭，并且在其关闭后，上涨趋势依然势不可当,那原来的下降趋势就宣告完结。

> **上升窗口**

上升窗口是一个看涨信号。在前一根蜡烛线的最高点和后一根蜡烛线的最低点之间的价格缺口,表明牛方正主宰着市场,并且愿意为购买这只股票付出更高的价格,先前的上升趋势将持续下去。

如下图所示:

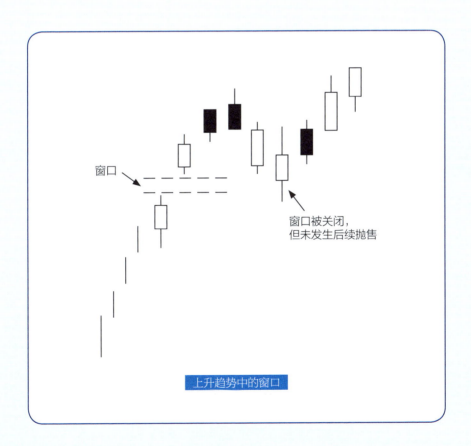

上升趋势中的窗口

> **下降窗口**

下降窗口是一个看跌信号。在前一根蜡烛线的最低点和后一根蜡烛线的最高点之间缺乏任何价格运动，表明熊方正在驱使市场前进，而且在该区域未遭到牛方的任何反抗，先前的下降势将持续下去。

如下图所示：

下降趋势中的窗口

日本的技术分析师对窗口曾有这样一种说法："Go in the

direction of the window。"意思是说，反向走势遇见窗口而止步。这句话表明在蜡烛图中窗口常常会成为支撑位置和阻挡位置。

从前面两种趋势走向的窗口图示可以看出，当一个上升窗口出现时，窗口的整个价格空隙都可以被视为支撑区域。所以，如果参与者持有多头头寸，而市场正好进行了一个上升窗口，那就可以在市场向下回调的时候在这个窗口位置形成支撑。当价格向下回调到该窗口中的底部位置，但并不高于收盘价时，该窗口的支撑作用依然存在。相反，如果价格向下回调在窗口的底部以下位置收盘，则表明支撑位置被阻击。因此，该窗口的底部位置的价格是上升窗口的重要支撑区域。

当一个下降窗口形成时，整个价格真空的位置形成一个阻挡区域。如果参与者正在短期内考虑抛出头寸，那就可以把该股票的价格向上反弹时此处的窗口位置视作阻挡位。如果价格反弹到窗口的顶部，却依然低于窗口顶部位置的收盘，这意味着阻挡位还继续有效。然而，当价格向上反弹穿过了下降窗口，并在窗口顶部更高处收盘，然后迅速关闭了窗口，这表示先前的阻挡位置已经被击垮。所以，下降窗口的顶部位置，是阻力位置的最关键价格。

当我们以窗口作为支撑或阻挡时应该明白，行情可能暂时跌破上升窗口的底部，或暂时上穿下降窗口的顶部，然后再沿着窗口的跳空方向反弹（上升窗口）或回落（下跌窗口）。它作为蜡烛图不容忽略的技术之一，是显而易见的。

跳空并列阴阳线

市场在上升或下降的趋势中，突然出现一根跳空白色蜡烛线或黑色蜡烛线，但紧随其后的却是一根黑色蜡烛线或白色蜡烛线，并且两根线的长度大致相同，同时后者开盘于前者实体之内，并收于第一根线的开盘价的下面或上面，从而形成一个很好的购入或抛出点，这一形态就是跳空并列阴阳线，它通常只有和某种形态一起出现才能发挥作用。

要确定这一形态，首先要明确市场一定是在某一特定的趋势中，形成跳空缺口的两根蜡烛线具有相同的颜色。就像所说的那样，前两根蜡烛线代表的是原有的市场趋势，而第三根蜡烛线跟前者正好具有相反的颜色，它在第二根蜡烛线实体内开盘，却在第一根和第二根蜡烛线形成的跳空缺口内收盘，需要额外注意的是，它并不能把整个缺口填补上。简而言之，就是尽管在原有的市场发展趋势中出现了跳空缺口，在调整日（第三根蜡烛线）也试图进行补缺，却没有获得成功，原来的市场趋势依然持续下去。

当然，关于跳空缺口的看法，不同的技术分析者有不同的看法，有人把它当成市场的支撑位，也有人把它看作市场的阻挡位。实际上，由于缺口经常会被快速试探，它并不具有支撑或阻挡作用。

根据跳空缺口的不同，又分为向上跳空并列阴阳线和向下跳空并列阴阳线。两根蜡烛线的实体大小虽然不相上下，却因为颜色的不同，代表不同的市场发展趋势。

▶向上跳空并列阴阳线

向上跳空并列阴阳线是一种看涨的持续形态。一般由两根蜡烛线组成。在一个上升趋势中，出现一根向上跳空的白色蜡烛线，在这跟白色蜡烛线之后紧跟着出现一个黑色蜡烛线。这根黑色蜡烛线的开盘价位于前一根白色蜡烛线的实体内，收盘价位于前一根白色蜡烛线的实体下面。

如下图所示：

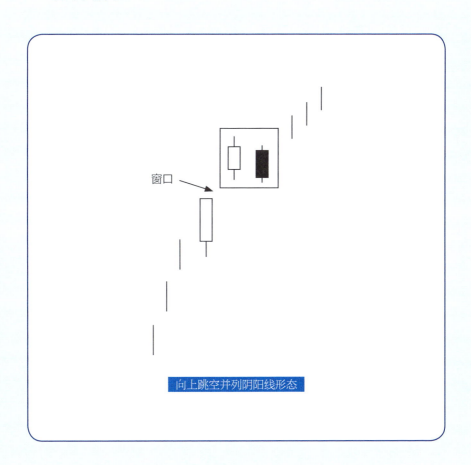

向上跳空并列阴阳线形态

向下跳空并列阴阳线

向下跳空并列阴阳线是一种看涨的持续形态，也由两根蜡烛线组成。在一段下降趋势中，出现一根向下跳空的黑色蜡烛线，在这根黑色蜡烛线之后紧跟着出现一个白色蜡烛线。这根白色蜡烛线的开盘价位于前一根黑色蜡烛线的实体内，收盘价位于前一根黑色蜡烛线的实体上面。

如下图所示：

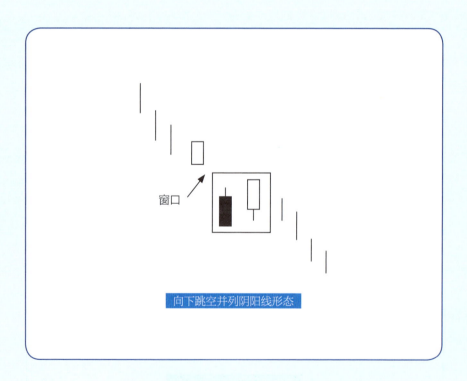

向下跳空并列阴阳线形态

从两种跳空并列阴阳线的形态可以看出，两根蜡烛线实体的大小是不相上下的，此时的市场交易量一般比较低沉，也意味着此时的市场在遭到短期的抛压或填补之后出现暂时性的休整。一旦股价越过后面一根蜡烛线，便预示着原来的趋势得以顺延。同时，不能忽视的是，如果跳空缺口未被完全填补，或是随后在缺口附近依然有较大的抛售或承接能力，导致填补缺口的压力依然得不到缓解的话，那么该形态的持续意义就自然瓦解。

在向上跳空并列阴阳线形态出现的情况下，第三根黑色蜡烛线的收盘价，就可以作为一个购入点。如果上涨幅度较大，或者已经出现多个跳空缺口，即使出现向上跳空并列阴阳线形态，并且市场补回跳空后，抛出的压力依然非常大的话，那此处的向上跳空并列阴阳线的看涨意义就不再成立。

向下跳空并列阴阳线的技术要点也取决于第二根蜡烛线的向上回弹跳空缺口阻挡的效力如何，如果市场在向上填补跳空缺口后购买不足，股价将继续下跌。但是，如果回补跳空缺口后购买继续增加的话，向下跳空并列阴阳线也不再具有看跌意义。

另外，我们要看到，虽然第一根蜡烛线的颜色并没有第二根和第三根蜡烛线的颜色重要，但是如果第一根和第二根蜡烛线的颜色相同，那该形态的市场意义就非常明确了。而在实际的市场趋势中，向上跳空并列阴阳线和向下跳空并列阴阳线形态都非常少见。

跳空突破

▶高价位跳空突破

在上升趋势中,当市场经历了一两个急剧上涨的交易日后,在正常情况下都需要一个调整消化的过程。有时,这个调整过程是通过一系列小实体来完成的。如果在一根坚挺的蜡烛线之后,出现一群小实体的蜡烛线,说明市场已经变得犹豫不决。然而,一旦后来某一天的开盘价从这群小实体向上跳空(也就是说,形成了一个窗口),也就意味着买进的时机已经成熟,这就形成了一个高价位跳空突破形态。之所以这样称呼这类形态,是因为在这类形态中,市场先是在最近形成的高价位上徘徊,后来才下定决心向上跳空。

如下图所示:

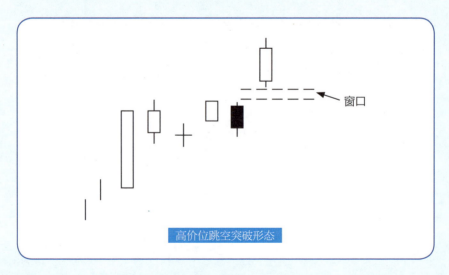

高价位跳空突破形态

> **低价位跳空突破**

低价位跳空突破形态正好与高价位跳空突破形态相反。它是一个向下跳空的窗口，是从一个低价位的横向密集区处向下打开的。这个横向密集区（一系列较小的实体）发生在一两个急剧下跌的交易日之后，曾经使市场稳定下来。起初，从这群小实体蜡烛线的外观看来，似乎市场正在构筑一个底部。但是后来，市场以窗口的形式从这个密集区向下突破，打消了这种看涨的念头。

如下图所示：

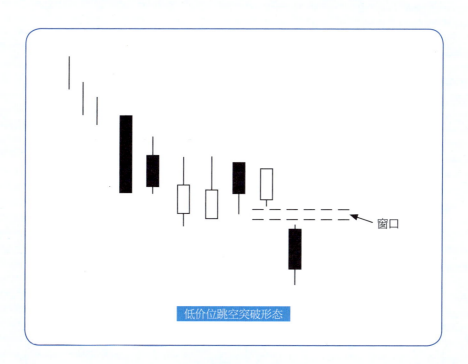

低价位跳空突破形态

跳空并列阳线

▶向上跳空并列阳线

在上升趋势中，先出现一根向上跳空的白色蜡烛线，随后又是一根白色蜡烛线，并且后面这根线与前一根大小相当，两者的开盘价也差不多处在同样的水平，这就形成了一种看涨的持续形态。这种并列蜡烛线形态就称为向上跳空并列阳线形态（或者称为向上跳空并列白色蜡烛线形态）。如果市场收盘价在并列白色蜡烛线的最高点之上，则意味着下一波上涨行情即将展开。

如下图所示：

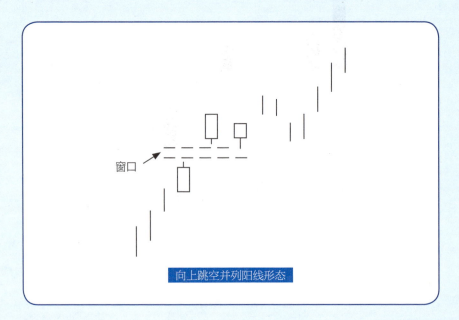

向上跳空并列阳线形态

向下跳空并列阳线

实际上,在蜡烛图中,向上跳空并列阳线形态非常少见。不过,更少见的还有向下跳空并列阳线。在下降趋势中,这类并列的白色蜡烛线也构成了一个持续形态。也就是说,当这类形态出现时,价格将持续走低。之所以会看跌,是因为在下降的市场中,这两根白色蜡烛线是由空头平仓过程造成的。一旦空头平仓完成,价格就会进一步下跌。这类向下跳空并列白色蜡烛线形态之所以特别罕见,就在于在下降趋势中,一旦出现向下跳空时,如果形成跳空的蜡烛线是一根黑色蜡烛线,当然比一根白色蜡烛线自然得多。如果在下跌的市场行情中,先出现了一根向下跳空的黑色蜡烛线,紧跟着又出现一根黑色蜡烛线,并且后者的收盘价比前者低,那么市场将展开下一轮价格下跌过程。

如下图所示:

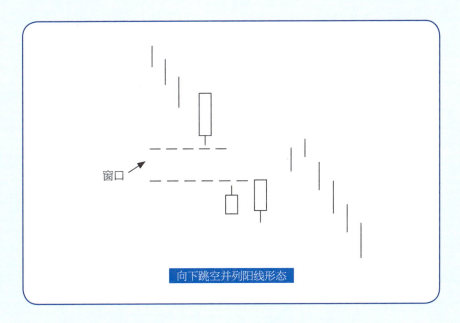

向下跳空并列阳线形态

上升三法与下降三法

所谓三法形态，包括看涨的上升三法，以及看跌的下降三法，这两类形态均属于持续形态。它表明市场在原有的发展趋势中出现停顿，调整一段时间后，将沿原有的趋势继续加速前进，而不会出现反转。因此，我们也可以把三法形态看成市场的休整形态，它为后来的市场发展积蓄了能量。同时，在调整的过程中，一些意志不坚定的投资者们在进行获利清仓或止损保值，而市场主力军在把他们扫荡出局后，市场继续上涨或下跌。

三法形态的第一根蜡烛线，可以是白色蜡烛线，也可以是黑色蜡烛线，它代表着市场原来的发展趋势。在第一根蜡烛线之后，是一系列实体很小的蜡烛线，而它们的颜色通常都跟第一根蜡烛线相反，也意味着市场走向不同于之前，但是无论价格怎样波动，都没有突破第一根蜡烛线价格区间。而最后一根坚挺的蜡烛线，则表现出强烈的上涨或下降欲望，创出市场的新高或新低。

虽然从理论上来看，上升三法和下降三法形态都是由五根蜡烛线形成的，但在实际的市场中，很难见到严格意义上的三法形态。所以，我们在研究蜡烛图形态时，所使用的技巧都是一些分析方法，而不是固定不变的规则。比如，其中的三根蜡烛线可以超过第一根蜡烛线形成的价格范围，但两者的差距不能太大。如果正巧碰到千载难逢的三法形态，还是应该严格按照它的技术原则来判别。当然，如果第一根蜡烛线和最后一根蜡烛线的实体都超过了中间那一系列蜡烛线的实体，那该形态的市场持续意义就更显得为重要。

上升三法

在市场形成一根大阳线之后，紧跟着出现一组依次下降的蜡烛线（这些蜡烛线可以是白色，也可以是黑色，一般黑色蜡烛线最常见），这意味着市场在原有的发展趋势中遇到阻力。一般这组蜡烛线都是黑色蜡烛线，它的重要特征是，这些蜡烛线的实体部分都没有超过前面那根大阳线的价格变动范围（最高价和最低价），而且，最后出现的依然是一根白色蜡烛线，并且它的收盘价要高于最开始的收盘价。同时，最后这根白色蜡烛线的开盘价也应高于前一个回调日的收盘价，在市场收盘时产生这一段时期以来的新高。

如下图所示：

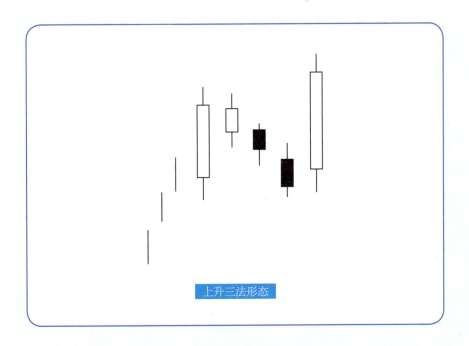

上升三法形态

下降三法

下降三法形态与上升三法形态的图形完全对等，只是方向相反。它出现在市场下降趋势中，第一天出现的黑色蜡烛线便证明了熊市即将持续，随后紧跟着大约三根依次上升的小蜡烛线（一般情况下，它们都是白色蜡烛线），并且这群蜡烛线的实体全部局限在第一天出现的黑色蜡烛线的价格范围之内。最后一天的开盘价应低于前一天的收盘价，而收盘价应低于第一根黑色蜡烛线的收盘价。当最后这根黑色蜡烛线形成后，市场便会向下滑落。

如下图所示：

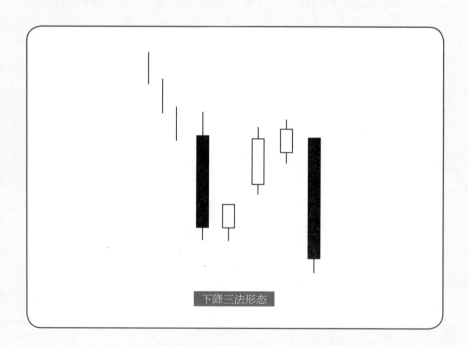

下降三法形态

铺垫形态

在铺垫形态中，前三根蜡烛线与向上跳空两只乌鸦形态非常相似，但是，它随后紧跟的是一根黑色蜡烛线。而且，第二根黑色蜡烛线弥补了第二天的向上跳空缺口，进入到第一根白色蜡烛线的价格范围内。如果接下来的一根蜡烛线是白色的，并向上跳空，超过了上述最后一根黑色蜡烛线的上影线；或者这根白色蜡烛线的收市价高于最后一根黑色蜡烛线的最高价，则形成了买入信号。在铺垫形态中，可以有2根、3根乃至4根黑色蜡烛线。

如下图所示：

铺垫形态

铺垫形态是上升三法的演化形式,是一种与向上跳空两只乌鸦形态的外形有点相似的蜡烛线形态。不同的是,在上升行情中,它的出现是一种看涨的持续形态。也因为如此,它也就成为为数不多的蜡烛线持续形态的其中一类。在实际的市场行情中,铺垫形态出现的概率极少。

在铺垫形态中,第一根坚挺的白色蜡烛线显示着当前的市场正处于上升行情中,随后出现的一系列黑色蜡烛线,展现了市场的动荡不安,但就一段时间的市场收盘价而言,仍然是市场新高。在这种情况下,一些意志不坚定的投资者担心市场的上涨趋势会停止,进行了抛售止损,所以第三根和第四根黑色蜡烛线出现低开低走的趋势。有经验的投资者会明白,虽然市场价格下跌,但只是上升过程中的休整,不会影响原来的发展趋势。因为当前市场的价格依然维持在第一根白色蜡烛线的开盘价之上,市场并没有出现所谓的反转,先前的下跌也只是暂时性的,而最后一根长长的白色蜡烛线的出现,也验证了之前的预测,牛市的势头依然很凶猛。

调整期间的市场价格高于上升三法,这也意味着该形态比上升三法形态更能表现市场的上涨趋势。也就是说,铺垫形态相对反映的市场休整力度较上升三法小,对原有的发展趋势破坏力比较低。

虽然从调整形态上,调整期间的一系列黑色蜡烛线和上升三法一样,出现逐渐下跌的势头,但是它们的价格却显示出一定的强势,换句话就是这些黑色蜡烛线自始至终都没能突破第一根白色蜡烛线的实体范围,甚至连这根白色蜡烛线的中点都未达到。

前进白色三兵

前进白色三兵形态一般出现在下跌的市场趋势中,表现形态却是一个逐渐稳步上升的过程,它由接连出现的三根白色蜡烛线组成,其中每根白色蜡烛线的开盘价都处于前一天的白色实体之内,或者处在其附近的位置上。而且,每根白色蜡烛线的收盘价都位于当日的最高点或接近当日的最高点。这种形态具有非常强烈的反转意义,通常情况下,它的出现,都意味着熊市的落荒而逃、牛市的猎鹰之态。

如下图所示:

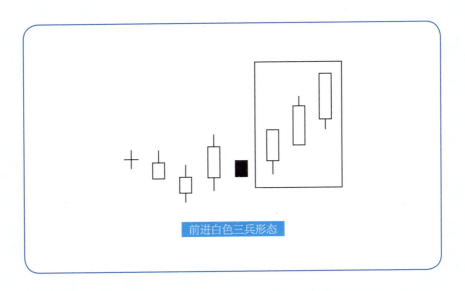

前进白色三兵形态

前进白色三兵形态的出现,是一种强烈的反转信号。在该形态中,虽然每天都是低开盘价,但是每天都能以一段时期以来的新高价收盘。如果次日的蜡烛线在前一日的实体中间之上形成开盘价，那市场的反转信号就非常强烈。在这种情况下，市场的看涨意味非常明显，大家可以拭目以待。然而，如果这些白色蜡烛线伸展得过长，就要小心市场是否存在超买陷阱，以免受损。

另外，需要提醒大家注意的是，虽然每天开盘的时候，总会有部分信心不足的投资者抢在头一天的收盘价之下抛售股票，但也不必惊慌，因为任何温和的上涨势头中都伴随着一些投资者选择获利了结。

受阻形态

▶前方受阻

前方受阻形态是白色三兵的演化形态。与前进白色三兵不同的是，它通常出现在上涨的市场趋势中。该形态中，连续出现的三根白色蜡烛线，收盘价逐日递增。而且，每根蜡烛线的开盘价都位于前一根蜡烛线的实体之内。如果第二根和第三根白色蜡烛线同时出现了很长的上影线，或者仅有第三根蜡烛线具有很长的上影线，说明当前的上涨趋势逐渐减弱，就构成了一个前方受阻形态。

如下图所示：

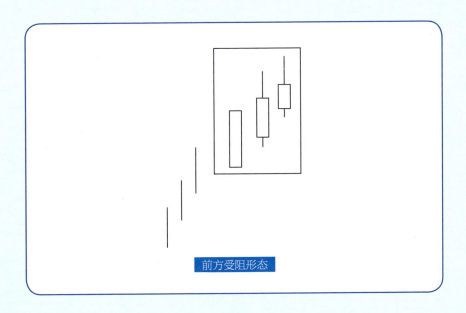

前方受阻形态

前方受阻形态最初看起来很像前进白色三兵形态，但是它并不能产生强烈的市场上涨趋势。这从第二和第三根白色蜡烛线的小实体就可以看出端倪。因为它们的收盘价都远远低于最高价。而第三根白色蜡烛线更是尽显市场疲态。这是牛市持续形态经常会出现的情况。两根带有很长的上影线的白色小实体，反映了部分市场投资者信心不足，他们开始担忧过高的价格是否只是一种假象。尤其是如果市场已经经历了很长一段时间的上涨趋势，这种恐高心理就会愈加明显。

因此，持有多头头寸者在遇见前方受阻形态时，应该采取一些有效的保护性措施。尤其是在上升趋势已经接近收尾阶段时，更要多加小心。因为在前方受阻形态中，作为上涨势头减弱的具体表现，既有可能出现其中的白色实体一个比一个小的情况，也有可能出现后两根白色蜡烛线具有相对较长上影线的情况。这说明，当前市场的投资者们在获利了结，落袋为安，这样的行为势必导致上升力度的减弱。所以，前方受阻形态通常都被看作是熊市的反转形态。一般情况下，如果市场真的出现了这种形态，做多的投资者们就要多加警惕。

> **下降受阻形态**

下降受阻形态是对前方受阻形态的补充形态。与前方受阻形态不同的是，它通常出现在下降的市场趋势中。该形态中，连续出现的三根黑色蜡烛线，收盘价逐日递减。而且，每根蜡烛线的开盘价都位于前一根蜡烛线的实体之内。如果第二根和第三根白色蜡烛线同时出现了很长的上影线，或者仅有第三根蜡烛线出现很长的上影线，说明当前的下跌趋势逐渐减弱，就构成了一个下降受阻形态。

如下图所示：

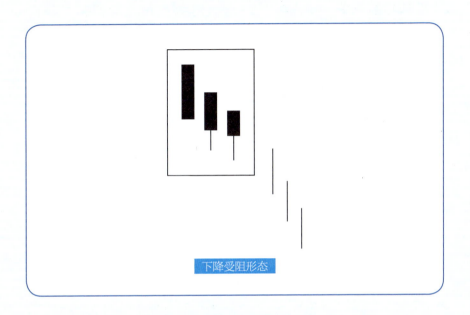

从图形上看，下降受阻形态是与前方受阻形态正好相反的形态。市场已经在下跌行情中运行了一段时期，首先出现的第一根长长的黑色蜡烛线，加剧了当前市场的下跌趋势。随后，第二天的市场低开低走，最终以低于第一根黑色蜡烛线的收盘价结束当天的交易。此时，连续两天的价格下跌引起了做空投资者的关注。尤其是市场于第三天的时候，以低于第二天的开盘价打开局面，当天的交易情况一直不太乐观，最后又以第二天的收盘价结尾。连续三根黑色蜡烛线的出现，让空头们备受鼓舞，似乎熊市的局面一定会出现。

然而，如果仔细观察市场的交易变化就会发现，当前的下降趋势越来越弱。首先，三根黑色蜡烛线的实体依次递减。在该形态中，第一根黑色蜡烛线的实体必须要长，其实体长度要占最高价与最低价之间价格波动范围的一半以上。其次，每根黑色蜡烛线的开盘价都在前一根黑色蜡烛线的实体内部，没有出现跳空缺口。最后，第二根和第三根黑色蜡烛线的下影线都很长，其中下影线的长度占当日最高价与最低价波动范围的40%以上。

另外，在第二根黑色蜡烛线和第三根黑色蜡烛线的收盘价不断下降的同时，两者之间的收盘价差距也在不断地缩小。这说明当前市场的下降趋势正在减弱，之前做空的投资者应该结盘止损，保护自己的利益不受更多损害。

停顿形态

> 看涨停顿形态

看涨停顿形态中，前两根蜡烛线都是具有坚挺实体的黑色蜡烛线。而第三天出现的黑色蜡烛线，其开盘价等于或低于前一天的收盘价，它可能是一根星线，也可能是一根十字星线。在该形态中，如果最后的星线与第二根长长的黑色蜡烛线之间形成一个向下的跳空缺口，那么此时的市场就具有强烈的反转趋势。

如下图所示：

看涨停顿形态

在看涨停顿形态中，连续两天出现的黑色蜡烛线，让当前市场的空头们非常满意。其不断下降的趋势也吸引了一些新的空头们的注意。尤其是第三天的开盘价又几乎等于甚至低于第二天的收盘价，更是让空头们扬扬自得。市场接连三天都是以黑色蜡烛线收场，似乎当前的熊市地位奠定无疑。

然而，如果仔细观察市场的交易变化，就会发现看涨停顿形态反映的是当前下跌趋势逐渐转弱的信号。首先，第三根黑色蜡烛线的价格波动范围远小于第二根黑色蜡烛线的波动幅度。尤其是它小于第二根黑色蜡烛线的价格波动范围的75%。其次，无论第三根黑色蜡烛线是一根星线还是一根十字星线的黑色蜡烛线，它都有可能与第二根黑色蜡烛线的实体部分存在一个向下的跳空缺口，而且，第三根黑色蜡烛线的实体小于第二根黑色蜡烛线的实体的一半。最后，尽管第三根黑色蜡烛线的实体可能与第二根黑色蜡烛线的实体之间存在跳空缺口，但缺口小于第二根黑色蜡烛线的价格波动范围的20%。也就是说，在第二根黑色蜡烛线与第三根黑色蜡烛线的收盘价越来越低的同时，两者之间的收盘价差距在不断缩小。这就说明，当前的下跌趋势正在减弱。当然，如果第三天是一根星线或是一根十字星线，那接下来就非常有可能会出现启明星形态或是十字启明星形态。

> **看跌停顿形态**

在看跌停顿形态中，前两根蜡烛线都是具有坚挺实体的白色蜡烛线。而第三天出现的白色蜡烛线，其开盘价临近前一天的收盘价，它可能是一根纺锤线，也可能是一根星线。在该形态中，如果最后的星线与第二根长长的白色蜡烛线之间形成一个向上的跳空缺口，那么此时的市场就具有强烈的反转趋势。

如下图所示：

看跌停顿形态

看跌停顿形态同样源于前进白色三兵形态，是前进白色三兵形态的一种演化形态。它通常由两根长长的白色蜡烛线和一根白色小实体或星线组成，而且这根白色小实体既有可能在前一根长长的白色蜡烛线之上，也可能在其顶部左右。它同前方受阻形态一样，也是一种弱势形态，表明市场在短期内即将走向弱势，但是停顿形态是从第三根蜡烛线才开始显露出颓势，而前方受阻形态则从第二根蜡烛线就显示出了弱势。

看跌停顿形态通常发生在市场持续上涨了一段时间后，恐高的心理广泛蔓延开来，导致上涨趋势难以为继。需要引起大家注意的是，如果第三根蜡烛线是一根星线的话，那第四天完全会出现黄昏星形态（关于黄昏星形态，在下面的章节中有所展示）。通过这根星线，我们可以看出，市场对于能否继续上涨存在分歧，此时多空双方正在争执不休。这种犹豫不决的状况也预示着市场正在深思，从而找出下一步的发展方向。所以，在有些讲解蜡烛图技术的著作中，又把停顿形态称为深思形态。因此，在判断和确认看跌停顿形态时，我们一定要格外留心。

分手线

分手线是由两根颜色相反的蜡烛线组成的，但两根蜡烛线具有完全相同的开盘价，它也是一种持续形态；在日语中，"ikichigaisen"的意思是"向反方向运动"。所以，在一些蜡烛图技术分析中，分手线也称为区分线。

在该形态中，第二根蜡烛线是一根捉腰带线，根据捉腰带线的看涨看跌趋势，我们也把分手线划分为看涨分手线和看跌分手线。而无论是看涨分手线还是看跌分手线，它的第一根蜡烛线的颜色必须和原来的市场发展趋势相反。而后面紧跟着两根蜡烛线一般都拥有很长的实体，但却不是必须的。在一些强势的分手线形态中，也会出现两根蜡烛线只有很长的实体，而没有上影线和下影线，也就是通常意义上的秃头光脚蜡烛线。

当然，如果分手线出现在市场的低位，无论是看涨分手线还是看跌分手线，均是看涨的信号；反之，如果分手线出现在市场的高位或在下跌趋势的初期出现，两种形态都是看跌的信号。在实际的市场交易过程中，分手线出现的频率不高，一般出现在上升行情和下降行情的运行途中。处在上升行情中的分手线，可适时做多，处在下降途中的分手线，可适时做空。

> **看涨分手线**

在分手线形态中，如果第二根蜡烛线是一根白色捉腰带线，则说明市场正处于上升趋势，它是一种看涨分手线形态。第一根黑色蜡烛线的出现，让参与者对目前的市场状况犹豫不决，产生猜疑，然而第二根蜡烛线的高开于第一根蜡烛线一样的开盘价，又重新激发了参与者的投资信心，继续买入，从而使市场沿着原来的趋势持续前进。

如下图所示：

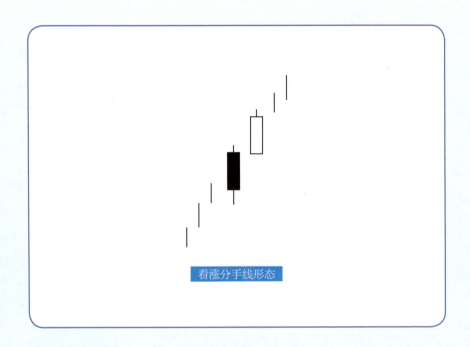

看涨分手线形态

> 看跌分手线

　　看跌分手线与看涨分手线在形态上是非常相似的，都是开盘价相近、收盘价相反，两根蜡烛线的实体部分也比较相同，只是它的第二根蜡烛线是一根黑色捉腰带线。它表明市场当前的下跌趋势仍将持续，以前的市场走势并没有因为第一根白色蜡烛线的出现发生改变。

如下图所示：

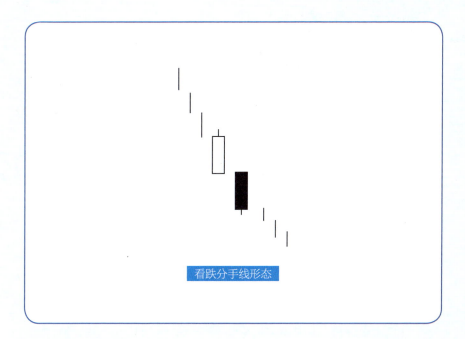

三线直击形态

三线直击形态是由四根蜡烛线组成的形态，一般出现在确定的市场趋势中。它是一种调整形态，而且这种调整，通常情况下，在一天内就可以完成。我们一般都把这种短期调整看成市场发展趋势的正常反应，无论是在上升或是下降的趋势中，这种调整都是有必要的，它为市场进一步延续原有趋势蓄积了足够的能量。

在该形态中，市场原本沿着先前的趋势（上涨或下跌）向前持续发展，但第四根蜡烛线的出现，一部分彷徨不定的市场参与者选择了获利了结（也可能是空头的平仓），从而导致市场突然转向，朝着相反的方向奔赴而去。

当然，这种转向只是市场心理的一种表现，但足以导致前三天的走向彻底败落。通常，这种强劲的转向，会促使买卖双方的能量在短期内得到暂时释放，但它并不会改变市场原有的发展趋势。也就是说，在三线直击形态中出现的跳空缺口和第四天的市场变化都不会改变原来的既定趋势。

根据三线直击形态出现的不同行情，又可以分为看涨三线直击形态和看跌三线直击形态。在有些日本著作中，也把看涨三线直击形态称为愚人三兵形态，而把看跌三线直击形态称为愚人三只乌鸦形态，名称不同，但技术含义殊归同途。

看涨三线直击形态

看涨三线直击形态出现在上升行情中，连续三根白色蜡烛线的出现，不断创出市场新高，大大鼓舞了牛方的士气。但是第四天高开低走，最终又将前三天的上涨淹没，并且收盘于第一天的开盘之下。当然，如果市场在这四天之前一直都是强势上涨的形态，那我们也可以把这种回调看成获利回吐，算是一个清算日。

如下图所示：

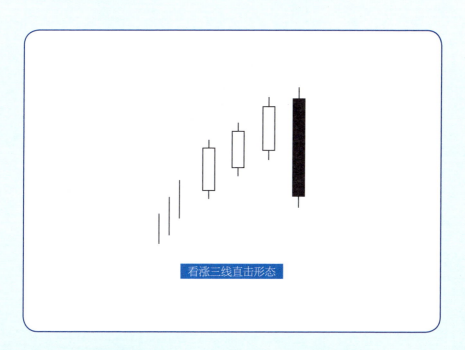

看涨三线直击形态

看跌三线直击形态

在看跌三线直击形态出现下降行情中，连续三根黑色蜡烛线更是坚定了熊方的信心。但第四天的白色蜡烛线低开高走，反应了牛方正在试图反攻的势头，价格一路上涨，将前三天下跌的势头一举歼灭，并收盘于第一天的收盘价之上。我们可以把这种上涨看成卖空平仓的结果，市场下降的趋势不会发生改变。

如下图所示：

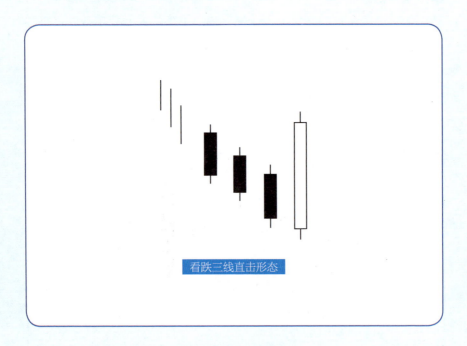

看跌三线直击形态

第三章
有可能带来市场反转信号的蜡烛图

常言道:"兵来将挡水来土掩。"只有灵活掌握市场出现的蜡烛图形态,才有可能想出适宜的应对办法。因此,对蜡烛图各种形态的掌握尤为重要。通过本章理论知识的学习,可以帮助投资者进一步识别有可能带来市场反转信号的蜡烛图形态。

锤子线和上吊线

锤子线和上吊线是具有完全相同形态的蜡烛图信号。首先，它们都拥有较小的实体（无论白色或黑色），而这些实体一定是位于或临近整个蜡烛线的高处。同时，它们都有很长的下影线（一般情况下，下影线的长度是实体的两至三倍），没有上影线，即使有也非常短小。因为它们形态相同，所以区分它们的诀窍就在于：看它们是出现在上升趋势中，还是下降趋势中。

对于锤子线和上吊线，这种由单一蜡烛线组成的蜡烛图形态，等到市场确认信号的出现，是判断市场是否开始反转的关键。一般情况下，我们可以等到第二天的开盘时来确认，如果可以再耐心些等到第二天收盘时，对我们衡量投资策略会更为有利。比如说，市场先前出现了一根锤子线，此时，如果第二天的收盘价高于先前的收盘价，那就意味着市场趋势即将转向牛市的方向得到非常明显的确认。

同时，锤子线和上吊线的实体颜色也增加了趋势预测的筹码。白色上吊线肯定没有黑色上吊线更具有看跌意义。同理，黑色锤子线也没有白色锤子线更具有看涨意义。

另外，超长的下影线、没有上影线、很短的实体（有时候直接形成了十字线）都可以增加锤子线和上吊线形态所表达的市场趋势将开始反转的力度。而紧随其后出现的价格趋势和蜡烛线实体的颜色则反映着市场未来的趋势，这一点也尤为重要。

> 锤子线

锤子线形态一般出现在一段下跌趋势的底部，也意味着当前市场的状态就像锤子夯砸着底部。如果锤子线的实体部分是白色的，其看涨的意义就非常明显，它显示市场经历了急剧下挫又完全反弹的过程，收盘在当日的最高价或临近最高价的水平之上，这本身就隐含着看涨的意味。

如下图所示：

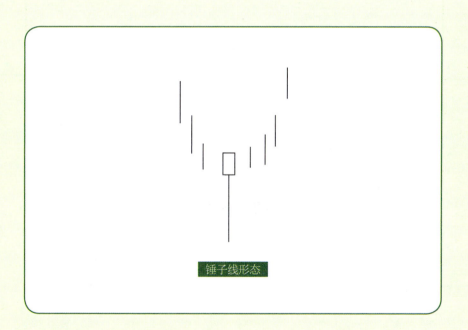

锤子线形态

> 上吊线

上吊线虽然具有跟锤子线一样的形态，却是在一段上涨趋势之后才出现的，也就是在价格要冲向一个前期新高的节骨眼上。因此，一般情况下都是要等到随和的蜡烛线彻底地收盘在上吊线的实体之下，才能真正形成反转。如果上吊线的实体是黑色的，就表明当日的收盘价格无力向上返回到开盘价的水平，如果第二天的开盘价更是低于第一天的收盘价，其看跌意味更加明显。

如下图所示：

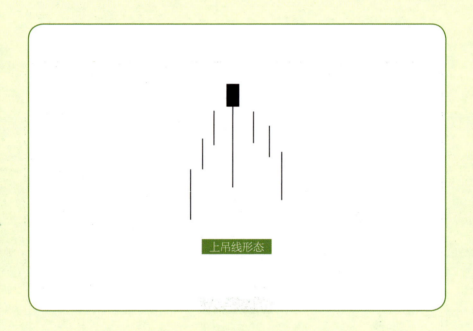

上吊线形态

抱线形态

抱线形态是由两根蜡烛线组成的，其中两根蜡烛线的实体颜色正好相反，第一根蜡烛线的实体被包含于第二根蜡烛线的实体（不必考虑是否吞没上下影线）之内，后者把前者整个吞没，所以从形态上讲，我们也可以把这种形态称为吞没形态。

当该形态出现在市场价格的顶部或是上涨趋势中，这意味着市场正在进行调整，投资者们更倾向于抛售股票。

在抱线形态中，第一根蜡烛线的实体颜色反映着先前的市场发展趋势，白色代表上涨，黑色代表下跌。如果第一根蜡烛线的实体只有第二根蜡烛线实体的70%，甚至第二根蜡烛线的实体长度远远超过第一根蜡烛线的实体长度（不但吞没实体，也吞没了影线），就说明第二天的市场价格波动更加剧烈，它反映着前一段的市场发展趋势极有可能结束，从而发生反转。

根据抱线形态出现的趋势不同，我们又把抱线形态分为看涨抱线形态和看跌抱线形态。如果当前的熊市市场出现了看涨抱线形态，说明市场有可能会出现上涨趋势，持有空头头寸的投资者们已经没有力量阻止多头的进攻，只好眼睁睁地看着先前的阵地拱手向上。反之，如果当前的牛市市场出现了看跌抱线形态，说明市场可能会走向下跌趋势，因为持有多头头寸的投资者们已经没有足够的资金再继续加持，推动市场继续向上。

> 看涨抱线形态

看涨抱线形态通常出现在一段下跌行情或下降趋势的末期位置。黑色蜡烛线的出现，预示着市场之前正处于下降趋势中，随后，一根白色蜡烛线的实体把前面黑色蜡烛线的实体抱进了怀里。因为白色实体的开盘价低于黑色实体的收盘价，并且它的收盘价高于黑色实体的开盘价，这预示着市场购入的力量已经压倒抛出的力量，市场的看涨信号凸显。

如下图所示：

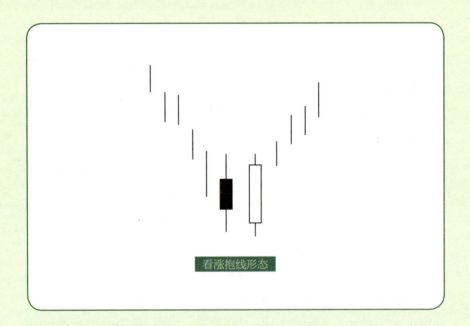

看涨抱线形态

> 看跌抱线形态

看跌抱线形态出现在一段上涨行情之后，一根蜡烛线的白色实体被后面一根蜡烛线的黑色实体完全抱住，这预示着市场顶部反转即将出现。黑色实体跳空高开,在高于白色实体收盘价的位置开盘,之后价格却回落,当前的收盘价明显低于前面的开盘价。很显然,抛出的力量已经远远超过了购入力量。市场的看跌信号已经非常明显。

如下图所示:

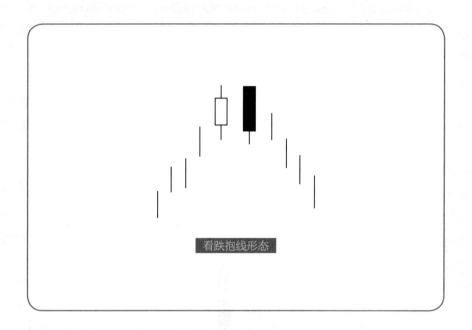

看跌抱线形态

乌云盖顶

乌云盖顶是一种强有力的市场顶部反转形态，它通常出现在市场的上升趋势中。在该形态中，第一根蜡烛线是一个坚挺的白色实体，而第二根蜡烛线则是一个黑色实体。这根黑色蜡烛线的开盘价超过了第一根白色蜡烛线的最高价（也可只超过第一根蜡烛线的收盘价），却在其收盘时刻，在临近当日的最低价水平处疲惫地收盘。如果第二根黑色实体应该向下穿入第一根白色实体的中点之下，那乌云盖顶形态的反转意味就更为强烈。

如下图所示：

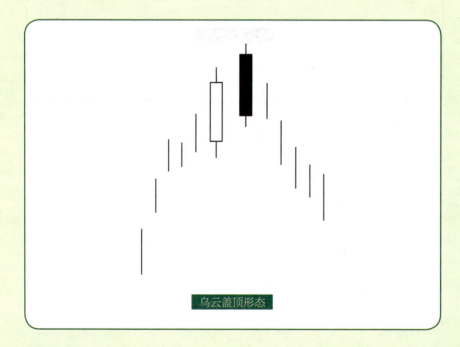

乌云盖顶形态

乌云盖顶形态可以看成是看跌抱线形态的初始形态，但是，它却没有看跌抱线形态更具有强烈的熊市反转意味。

市场原本正在稳步的上涨趋势中前行，第一根长长的白色蜡烛线足以令市场的多头欢呼雀跃，而第二天的向上跳空开盘更是加强了多头们的信心。然而，市场虽然在整个交易日内一直保持上涨的趋势，却在最后关头以意想不到的低价收盘，其收盘价甚至不及第一根白色蜡烛线的一半。在这种令人震惊的情形下，多头们不得不重新考虑他们的决策是否需要调整，之前被严重打压的空头得到喘息机会，使得多空双方的力量重新得到衡量。从这里就可以看出，乌云盖顶形态是市场中非常典型的反转信号。

需要提醒大家注意的是，在乌云盖顶形态中，如果第二根黑色蜡烛线的收盘价远超第一根白色蜡烛线的中间位置，则预示着当前的市场发展趋势出现顶部反转的可能性非常大。而且，在该形态中，如果第一根白色蜡烛线的实体很坚挺，第二根黑色蜡烛线向上跳空的缺口也非常明显，这两个图形特征都会增强趋势发生反转的判断。

总之，乌云盖顶形态给我们传递的信号是不祥之兆。如果那根黑色蜡烛线没有收盘在前一根白色蜡烛线实体的中点之下，就需要认真考虑等待后面几天市场的熊方力量来进一步确认。

刺透形态

刺透形态正好跟乌云盖顶形态相反，它是一种判断市场是否已经触底的重要标志。这种形态通常出现在下跌趋势中，也是由两根蜡烛线组成。其中，第一根蜡烛线具有黑色实体，而第二根蜡烛线则是长长的白色实体。在白色蜡烛线出现的这一天，市场的开盘价曾迅速地跌至前一个黑色蜡烛线的最低价之下，然而市场很快又将价格重新推升，形成了一根相对较长的白色实体，并且其收盘价已经向上超越了前一天的黑色实体的中点。后续的价格变化将会对该形态加以确认。

如下图所示：

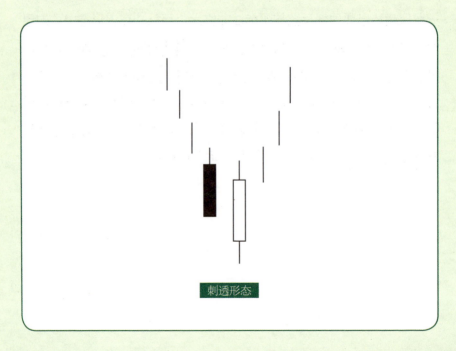

刺透形态

刺透形态也可以看成是看涨抱线形态的初始形态，同乌云盖顶形态类似，它没有看涨抱线形态的牛市反转意味强烈。

市场原本正处于下跌的行情中，第一根黑色蜡烛线的出现，更是使得整个市场显得颓废不堪。第二天的向下跳空开盘更让空头们坚定之前的信念。可是，在整个交易日内，市场虽然在也保持下跌的趋势，却在最后时刻高价收盘。其实，如果第二根蜡烛线的收盘价远在第一根黑色蜡烛线的实体中心之上，则预示着先前掌握主导权的空头内部开始产生不同的意见，潜在的市场底部隐约可见。

如上所述，在刺透形态中，第二根白色蜡烛线的收盘价理应达到第一根黑色蜡烛线的实体中点。如果达不到黑色实体一半的位置，就说明市场的发展趋势还不十分明朗，我们应该耐心等待更多的反转信号出现。

简而言之，在刺透形态中，第二根白色蜡烛线的收盘价超过第一根黑色蜡烛线的中点越多，说明市场出现反转趋势的可能性就越大。如果第二根白色蜡烛线的实体整个抱住了第一根黑色蜡烛线，那刺透形态也就演变成了看涨抱线形态。

待入线

待入线是刺透形态的演化形态。第一根是黑色蜡烛线，延续着市场之前的下跌趋势。随后，市场在第二天以低于第一根黑色蜡烛线的收盘价之下开盘，然后价格一路上涨，但是，仍然收盘于第一根黑色蜡烛线的收盘价之下。这预示着当日市场入市炒底的投资者尽数被套。在短期内，市场的下降趋势恐怕还要持续。

如下图所示：

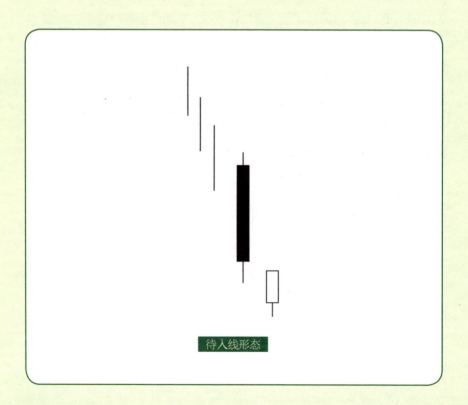

待入线形态

待入线形态一般都出现在市场的下降行情中，第一根长长的黑色蜡烛线更是强化了当前市场的低迷氛围。虽然第二天的市场跳空低开，但是这种强势的持续走低并没有得到市场的认可，多方们开始奋力反攻，然而，市场仍以低于前一天的收盘价结束当天的战斗，下跌仍将持续。如果第二根蜡烛线能够完全回补市场当天形成的向下跳空缺口，甚至进入到第一根黑色蜡烛线的实体内部，那待入线形态就真正转变成刺透形态。

实际上，我们也可以把待入线形态看成是刺透形态的弱势初始形态。跟待入线形态相关的还有接下来讲到的切入线形态和插入线形态。

切入线

同待入线一样,切入线也是刺透形态的演化形态。第一根是黑色蜡烛线,反映市场之前的下跌趋势。随后,市场在第二天以低于第一根黑色蜡烛线的收盘价之下开盘,然后价格一路上涨,以稍低于第一根黑色蜡烛线的收盘价位置收盘。在某些特殊实例中,两根蜡烛线的收盘价也可以是相等的。

如下图所示:

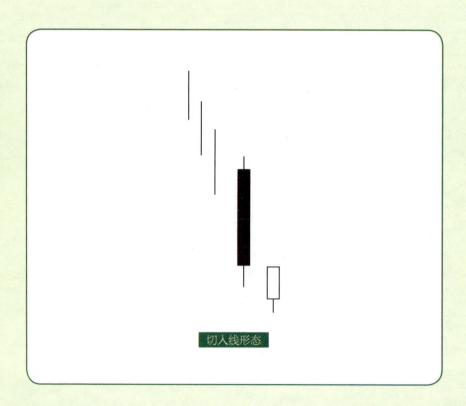

切入线形态

切入线形态，一般也是出现在市场的下降行情中。第一根长长的黑色蜡烛线延续着当前市场的下跌趋势。而第二根白色蜡烛线的实体在临近第一根黑色蜡烛线的收盘价附近收盘。从严格意义上来说，第二根白色蜡烛线的收盘价应该和第一根黑色蜡烛线的收盘价相同，或者是第一根白色蜡烛线的收盘价可以略高于第一根黑色蜡烛线的收盘价。

通过仔细观察，我们可以发现，与待入线形态相比，切入线的第二根白色蜡烛线的收盘价要高一些，但不是高出很多。当然，如果第一根黑色蜡烛线的收盘价也是其自身的最低价，那待入线形态和切入线形态就基本相同了。

就市场是否会持续维持原来的趋势而言，切入线形态没有待入线强烈，因为切入线形态的第二根白色蜡烛线的收盘价要略高于待入线形态的第二根白色蜡烛线的收盘价。

同待入线形态一样，切入线形态也可以被认作是刺透形态的初始形态。这种初始形态虽然比待入线形态有所加强，但是仍然没有足够的力量证实市场将会出现反转。

插入线

　　插入线是刺透形态的第三种演化形态。它的第一根蜡烛线也是黑色的，延续着市场之前的下跌趋势。随后，市场在第二天以低于第一根黑色蜡烛线的最低价之下开盘，然后价格一路上涨，以略高于第一根黑色蜡烛线的收盘价位置收盘，但是并没有超过第一根黑色蜡烛线实体的中点。

　　如下图所示：

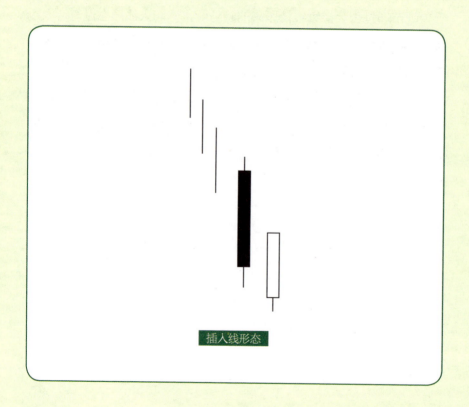

插入线形态

从图形上我们可以看出，插入线形态要比待入线形态、切入线形态所反映的市场趋势的强度要强些，然而，第二根白色蜡烛线的实体并没有突破第一根黑色蜡烛线实体的中点，所以，我们并不能认为插入线形态像刺透形态一样也是一种市场反转信号。当然，与待入线形态、切入线形态相比，在插入线形态中，第二天的向下跳空要更低一些，这使得第二天的市场最终以一根白色蜡烛线收尾，所以投资者在增加做空头寸时应该进一步确认该形态的有效性。

同待入线形态和切入线形态一样，插入线形态也说明多方组织的阻击对市场并没有造成很大的影响，虽然也有反攻的价格波动，但是依然没能改变市场当前的下跌趋势。这种无效的反弹，让多方的信心备受打击，因此买盘的缺乏导致市场继续下跌。

通过仔细观察，我们会发现，插入线形态是待入线形态和切入线形态的进一步发展，所以插入线形态的变化空间比较小。虽然它比前两种演化形态的牛市反转意味要强烈，但是它仍然不能和刺透形态的反转意味相提并论。

星线

星线的实体一般都较小，并且在其实体与其前面较大的蜡烛线的实体之间会形成价格跳空。然而，只要星线的实体与前一个实体没有任何重叠，那这个星线就是成立的，而且其出现的位置可以是市场的顶部，也可以是市场的底部。

假如在强劲的上涨趋势中，买方一直占据主导地位。此时在一根长长的白色蜡烛线之后紧跟着出现一根星线，则预示着当前的市场由原来的受买方控制转变为买卖双方僵持不下的状态。这一局面的发生，既有可能是买方力量的衰减造成的，也可能是卖方力量的增强引起的。但是，不管是因为哪一方的原因，星线的出现都告诉我们，当前上涨趋势的驱动力已经瓦解，市场很容易遭到卖方的攻击而向下回落。反之，假如在下降趋势中，星线出现在一根长长的黑色蜡烛线之后，同样反映市场氛围的改变。也就是说，先前由卖方占据的主导地位，随着星线的出现，买卖双方的力量由此变得不平衡，由此，市场下跌的势头也就逐渐减弱。

星线形态包含的四种反转形态，分别是：

（1）启明星形态；

（2）黄昏星形态；

（3）十字星形态（十字启明星和十字黄昏星）；

（4）流星形态；

在这四种星线形态中，星线实体的颜色都是无关紧要的，既可以是白色的,也可以是黑色的。

启明星

启明星属于底部反转形态,预示着市场的价格将要高开高走。它由三根蜡烛线组成。首先,在一段下跌行情之后,一根长长的黑色蜡烛线出现,接着一根向下跳空的黑色蜡烛线出现了,这足以让之前市场上那些紧随其后的空头们满意。因为尽管小实体蜡烛线的上影线可能已经刺入前日蜡烛线的实体内部,但是经过当天市场的激烈搏杀,到了收盘时它并没有足够的能力向上收盘在前日那根长长的黑色蜡烛线实体内部。它的第三根蜡烛线是一个白色实体,它向上穿入第一个长长的黑色蜡烛线的实体之内。这表明市场的买方将重新夺回主导权。

如下图所示:

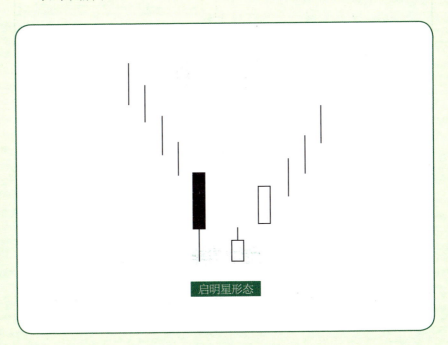

启明星形态

> 黄昏星

黄昏星形态跟启明星形态则正好相反。三根蜡烛线构成了一个顶部反转信号，预示着上涨的市场趋势即将结束。在一段上涨行情之中，首先出现的是一根长长的白色蜡烛线，紧接着一根星线出场，该星线小小的实体与其前面那根蜡烛线实体之间有一个经典的向上价格跳空。而第三根长长的黑色蜡烛线向下跳空开盘，之后穿入第一根白色蜡烛线的实体内部。这让中间那根星线的小实体孤独地站在阵地的高处，从而确认了市场顶部已经到来。

如下图所示：

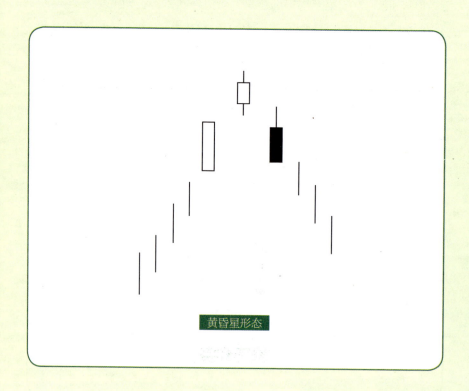

黄昏星形态

▷十字星

如果在上升趋势中出现了一根十字线,并且这根十字钱与前一个实体之间形成了向上的价格跳空;或者在下降趋势中出现了一根十字线,并且这根十字线与前一个实体之间形成了向下的价格跳空,那么,这根十字线就称为十字星线。

十字星线的出现,意味着多空双方势均力敌的胶着状态,但却没有明确市场下一步的走向。但是,在市场交易过程中,十字星的呈现,至少说明前一段的市场走势即将结束,市场趋势极有可能发生变化。在这根十字线之后的蜡烛线,应当构成趋势反转的验证信号。

在众多的日本蜡烛图著作中,都有关于十字星线的描述,因为它在判别趋势反转的信号中占有重要的位置。

在实际的市场交易中,十字星线通常都是作为组合形态的方式出现的。一般情况下,率先出场的第一根蜡烛线的实体颜色反映着市场原有的发展趋势,而第二天如果出现一根跳空的十字星线,这根十字星线要是再带有一定长度的上下影线的话,则意味着市场趋势改变的可能性非常大。当然,十字星线的上下影线也并不是越长越好。如果十字星线的上下影线过长的话,那对牛市反转信号来说并不是什么值得欢欣雀跃的事。

下面,我们具体分析十字星线的两种形态:十字启明星形态和十字黄昏星形态。

(1)十字启明星

在下降趋势中,如果一根黑色蜡烛线之后,紧跟着一条十字星线,而且第三根蜡烛线是一根长长的白色蜡烛线,它的收盘价很明显地向上穿入第一根黑色蜡烛线实体之内，那么第三根蜡烛线就验证了市场即将出现该底部反转。这个三蜡烛线形态就称为十字启明星形态。

如下图所示：

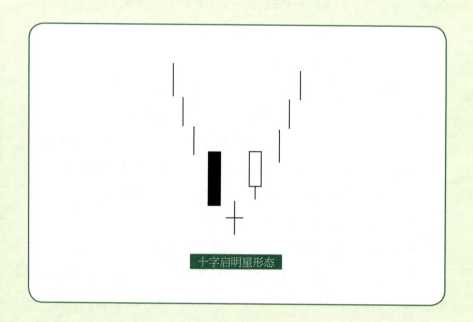

十字启明星形态

（2）十字黄昏星

在上升趋势中，如果在十字星线后跟随着一根长长的黑色蜡烛线，并且它的收盘价深深地向下扎入十字星线之前的白色蜡烛线实体的内部，那么，这根黑色蜡烛线就构成了市场顶部反转过程的验证信号。这样的形态就称为十字黄昏星形态。十字黄昏星形态是常规黄昏星形态的一种特殊形式。在常规的黄昏星形态中，星线，即第二根蜡烛线，具有较小的实体，但是在十字黄昏星形态中，星线是一根十字线。因为十字黄昏星形态包含了一根十字线，所以具有更重要的技术意义。

如下图所示：

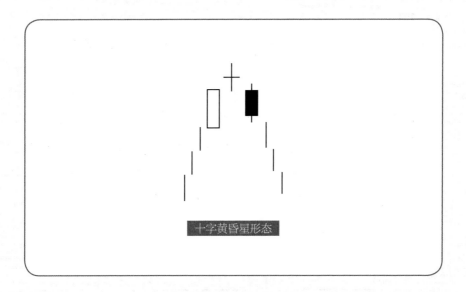

流星

流星形态的外观就像其本身的名称一样，像一颗流星，是一种二蜡烛线形态。它通常具有较小的实体，而且实体处于其价格区间的下端。同时，它的上影线比较长。与所有的星线一样，流星线的实体颜色也不重要。流星线的形状非常形象地显示，当日市场开盘于它的最低点附近，后来又剧烈地上涨，但是最后却向下回落，收盘于开盘价附近。也就是说，这个交易时间单位内的上涨行情不足以维持下去。

如下图所示：

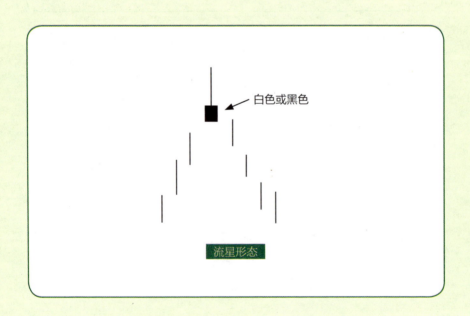

流星线形态的出现，预示着市场顶部就在眼前。但它的技术含

义，就像它的名称一样，并不如黄昏星形态强烈。通常情况下，流星线形态发出的预警信号，并不足以构成主要的反转信号。所以，一般需要把流星线形态结合其他形态来分析它的具体意义。

在理想的流星线形态中，流星线的实体与前一根蜡烛线的实体之间存在价格跳空。然而，在实际的市场趋势中，这样的价格跳空并不是非有不可的。本形态的技术意义不如黄昏星形态强，所以，一般情况下，它不构成主要反转信号。

另外，在下跌趋势后，如果市场交易过程中出现一根跟流星线外观非常一致的蜡烛线，那非常有可能构成一个看涨的信号。这样的蜡烛线，我们把它称为倒锤子线，接下来会有关于倒锤子线形态的详细描述。

弃婴形态

弃婴形态在外观上与十字星形态非常相似，它也可以被看作十字启明星和十字黄昏星的变化形态。因为它们第一天的蜡烛线颜色都代表着原来的市场发展趋势，但不同的是，它第二天所形成的十字星线同前一天的蜡烛线之间形成跳空缺口，这个跳空缺口不仅超过了第一天和第三天蜡烛线的实体部分，而且还超过了他们的影线。而且，由此所形成的两个跳空缺口方向截然相反，不能与影线重叠。同时，第三天的蜡烛线也与第一天的蜡烛线颜色截然不同。

弃婴形态是十字线形态的一种特例，在真实的市场中是极少出现的。它与西方的岛形顶部形态或岛形底部形态类似，不过其中的孤岛还应当是一根十字线。

同大多数由三根蜡烛线组成的星线形态一样，弃婴形态也反映着市场参与者的心态将发生变化。有所区别的是，在弃婴形态中，第二天形成的星线更能反映市场是否要继续沿着之前的趋势前进。

如果把弃婴形态简化，它就会形成比十字启明星和十字黄昏星更长的影线，这意味着它们对接下来的市场发展趋势是看涨还是看跌具有更强烈的意义。也就是说，如果第三天的收盘价能够突破第一天的价格区域越多，该形态的简化就越有效，市场发生转机的概率也就越大。

看涨弃婴形态

如果在一段下降趋势中，市场上出现一根向下跳空的十字星线，而紧跟在它后面的是一根向上跳空的白色蜡烛线，而且在这根白色蜡烛线的下影线与十字星线的上影线之间也形成了价格跳空，那么，这根十字星线就构成了一个底部反转信号。这种形态就称为看涨弃婴形态。

如下图所示：

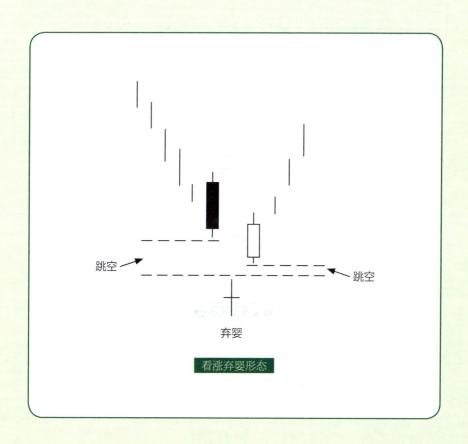

看涨弃婴形态

> **看跌弃婴形态**

与看涨弃婴形态正好相反，如果市场上出现了一根向上跳空的十字星线，它的后面再紧跟着一条向下跳空的黑色蜡烛线，并且在这根黑色蜡烛线的上影线与十字星线的下影线之间也形成了价格跳空，那么，这根十字星线就构成了一个主要顶部反转信号。这种形态称为看跌弃婴形态。

如下图所示：

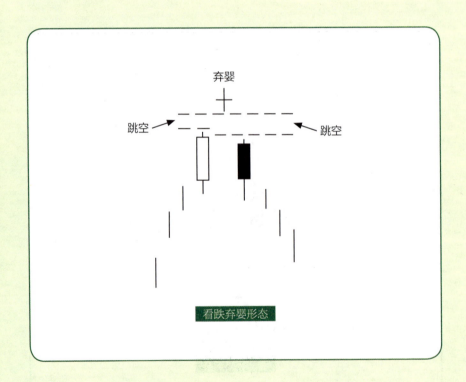

第三章 有可能带来市场反转信号的蜡烛图

倒锤子线

倒锤子线形态是一种判断市场是否处于底部的重要形态。它看上去和流星线形态颇为相似，它也具有较长的上影线，较小的实体（颜色可以是白色，也可以是黑色），并且实体位于整个价格范围的下端。同时，它又和锤子线一样，通常出现在下跌趋势中，它的出现意味着市场趋势可能发生反转。而在实际的市场发展趋势中，倒锤子线的实体颜色可以帮助我们分析当前市场到底是由谁占据主导地位。

如下图所示：

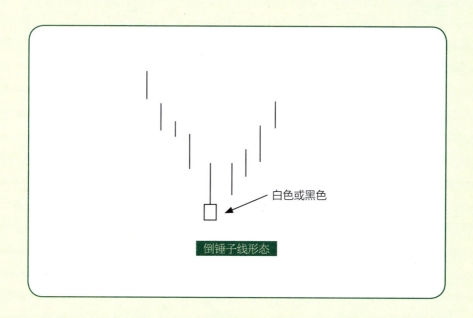

同任何单一蜡烛线或双蜡烛线组成的形态一样，如果要利用倒锤

77

子线来判断市场是否已经结束下跌，开始上涨，必须等待市场出现确认信号。通常，这种确认信号都是在倒锤子线出现的第二天，市场在倒锤子线的实体上方产生开盘价。如果倒锤子线的实体部分较小，说明市场的多头力量比较强势，形态的确认就显得更为重要。

一般情况下，倒锤子线形态是不存在下影线的，即使存在下影线，其下影线的长度也不能超过实体长度的5%~10%。而上影线的长度也不能超过蜡烛线实体部分的两倍。在下跌的市场趋势中，只要整个形态处于向下趋势，就可以判断为倒锤子线，而不一定非要出现向下的跳空缺口才得以确认。

例如，市场原本在已经确定的下跌趋势中运行，可是，在某个交易日内，市场的开盘价突然同前一日的收盘价之间形成一个向下的跳空缺口。此时，市场人心惶惶，只好低价收盘。同锤子线和上吊线一样，第二天的价格走向是判断市场是否成功出现反转的关键。如果市场第二天的开盘价远远高于倒锤子线的实体，那就说明潜在的反转使得短线投资者们开始加码注入资金，空方的力量逐渐减弱，多方的势头开始迅猛发展。

需要提醒大家注意的是，倒锤子线形态作为单一蜡烛线组成的形态，如果在实际操作中，对前一日的行情多加分析的话，有助于增强我们对市场趋势判断的成功率。

孕线

孕线形态是由与吞没形态完全相反的两根蜡烛线组成的，不管它的第一根蜡烛线是一根长长的白色蜡烛线，还是黑色蜡烛线，第二根蜡烛线的实体必须被第一根蜡烛线完全包含。同吞没形态有所不同的是，两根蜡烛线的实体颜色可以相反，也可以相同。孕线形态只对实体部分进行分析，也就是说投资者们遇到孕线形态，只需要关注它的开盘价和收盘价即可。在日本的蜡烛图技术分析中，用开盘价和收盘价来代替最高价和最低价是很常见的分析方法。

从孕线的形态中，可以非常明确地看出，被第一根蜡烛线吞没的第二根蜡烛线，其实体只有前者的70%，甚至更少。

通常情况下，孕线形态构成的反转信号没有锤子线、上吊线及吞没形态强烈，但是，孕线也是一种反转形态，这是毋庸置疑的。它的出现，也预示着市场将同先前的趋势分道扬镳。尤其是，孕线形态出现在市场顶部的时候，它完全有可能成为重大趋势变化的预警。

根据孕线形态出现的不同趋势，又把孕线形态细分为看涨孕线形态和看跌孕线形态。如果率先出场的第一根蜡烛线是白色实体，说明市场正处于上涨趋势中；反之，如果黑色蜡烛线先声夺人，那就意味着当前市场正处于下跌行情。

> 看涨孕线形态

在下降趋势中，一根长长的黑色蜡烛线出现，预示着市场的卖出压力非常大。尤其当第二根白色小蜡烛形成时，更是宣告了熊方已经失去进一步把价格压低的能力。由于熊方缺乏继续进攻的力量，所以市场价格会出现一个逐渐上涨的趋势。如果市场价格在第三天持续走高，看涨孕线形态就得到进一步确认。

如下图所示：

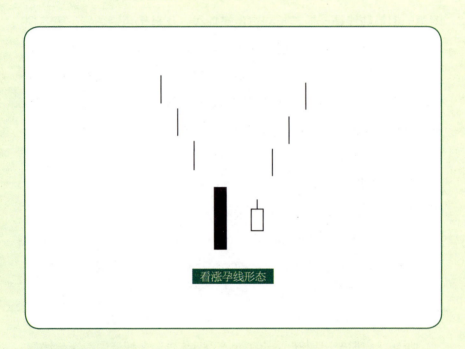

看涨孕线形态

> **看跌孕线形态**

在上升趋势中，一根长长的白色蜡烛线出现，坚定了市场买方的信心。然而，第二天的市场自低开后（以低于前一天的价格开盘），就一路走低，形成一根黑色小实体，而且实体部分也并未超过前一天的实体范围。这让一部分市场买手不由得开始怀疑市场上涨的空间强度。如果第三天市场价格持续下跌,看跌孕线形态即可得到确认。

如下图所示:

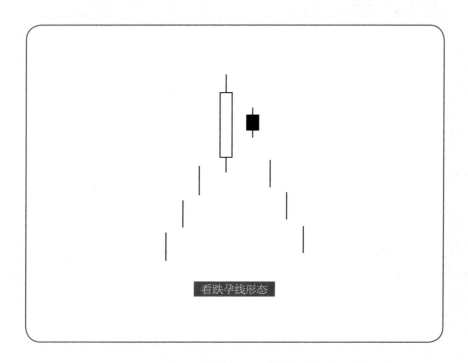

看跌孕线形态

十字孕线

在孕线形态中，前一根是大实体，后一根是小实体，而且第二根实体越小，则整个形态越有力量。因为第二个实体越小，反映市场的矛盾心态越重，所以，越有可能形成反转趋势。尤其在极端的情况下，随着第二根蜡烛线的开盘价与收盘价之间的距离越来越窄，这个实体就越来越小，最后形成了一根十字线。如果在一根十字线之前有一根长长的实体，则构成了十字孕线形态。

市场在既定的趋势中平稳运行，可是，在某个交易日内，市场价格突然出现较大的波动，然而，这种大范围的价格波动并没有超过市场上一个交易日的价格范围，最终还是收盘于开盘价或其附近。十字孕线形态出现之前的蜡烛线实体颜色，代表着前一阶段的市场发展趋势，而出现在交易日内的十字孕线形态，其开盘价和收盘价之间的价格差异应该小于2%~3%。另外，在前一阶段的交易时限内，市场一直没有出现过十字蜡烛线形态。

在十字孕线形态出现后的几个交易日内，市场极有可能出现上升三法形态或下降三法形态。根据上一章节的讲述，我们已经知道，上升三法形态和下降三法形态是持续形态中的两种形态，而十字孕线形态正是它们出现反转的信号。

十字孕线形态的出现，说明市场的参与者尚没有对下一步的市场走势达成一致意见，一个极其重要的反转信号就此出现。

十字孕线形态所蕴含的技术意义，跟普通孕线形态类似，但又比普通孕线重要得多。一般的孕线形态并不属于主要反转形态，但是，十字孕线形态恰恰是一种主要反转形态。一旦在一根很长的白色蜡烛线之后出现了一根十字孕线，就有可能引发底部过程，尤其，它出现在市场顶部时更有力量。

看涨十字孕线和看跌十字孕线的技术含义可参照看涨孕线和看跌孕线，在此不再重复，只做图例展示。

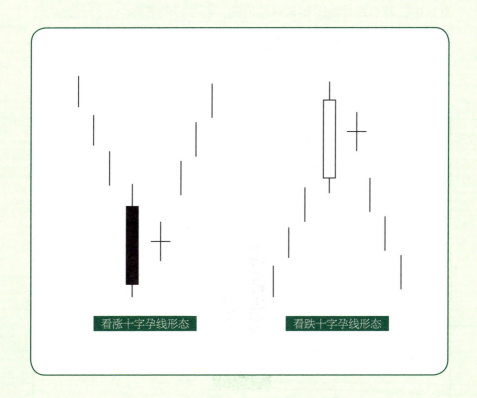

家鸽形态

家鸽形态是与孕线形态非常相似的形态，它也是由两根蜡烛线组成，并且第一根蜡烛线要吞没第二根蜡烛线。只是不同的是，在孕线形态中，两根蜡烛线的颜色是相反的，而在家鸽形态中，两根蜡烛线的颜色必须保持一致，只能是黑色。

如下图所示：

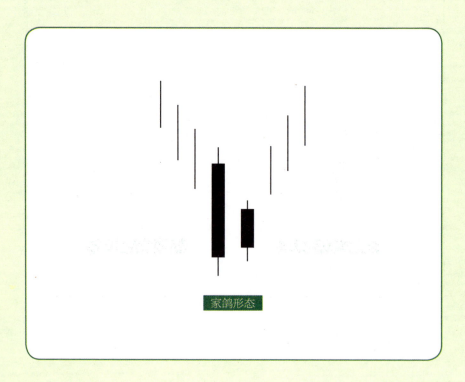

在家鸽形态中，市场已经在下跌的趋势中，第一天出现的黑色蜡

烛线，延续了之前的下跌趋势，随后跟着的第二根蜡烛线虽然高开出场，但未能保持上升趋势，价格依然在第一天形成的范围内波动，最后在最低价附近收盘。结合第一根黑色蜡烛线和之前的市场走势，可以明显看出，市场价格虽然有所下降，但是下跌力度在逐渐变弱，市场完全有可能存在反转机会。

俯冲之鹰形态

俯冲之鹰形态是对家鸽形态的一种补充。在市场的上升行情中，首先出现一根长长的白色蜡烛线，紧跟着出现的第二根白色蜡烛线强化了市场原来的看涨趋势。同时，第二根蜡烛线的实体完全被第一根蜡烛线的实体吞没，而且，两根蜡烛线的实体都很长，而影线部分相对较短。另外，俯冲之鹰形态的实体颜色和家鸽形态正好相反，两根蜡烛线都必须是白色的。

如下图所示：

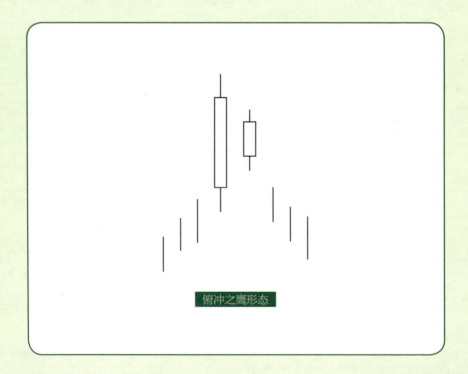

俯冲之鹰形态

在俯冲之鹰形态中，率先出场的第一根坚挺的白色蜡烛线，进一步强化了市场先前就已经看涨的趋势。虽然随后出现的第二根白色蜡烛线开盘价并不是很高，市场的交易活动也不太活跃，但它最终还是在临近当日最高点的价格附近收盘。如果第二根白色蜡烛线的开盘价低于第一根白色蜡烛线的开盘价，并且它的收盘价也低于前一天的收盘价，那该形态的进一步确认就非常明朗。

　　从形态上看，俯冲之鹰形态与看跌孕线形态非常类似。所不同的是，俯冲之鹰形态的第二根蜡烛线是白色实体，而看跌孕线形态的第二根蜡烛线是黑色实体。

　　前面讲到，俯冲之鹰的两根蜡烛线实体部分都比较长，一般情况下，它的最高价与最低价范围所占比例超过一半。这与一天中价格波动的范围并不是一个概念，读者千万不要将两者混为一谈。

三内升与三外升

> 三内升形态

　　三内升形态是看涨孕线形态的演化，在该形态中，第三根蜡烛线是一根白色的蜡烛线，并且收盘价要高于第二根蜡烛线的收盘价。它预示着市场即将走向看涨的趋势。

　　如下图所示：

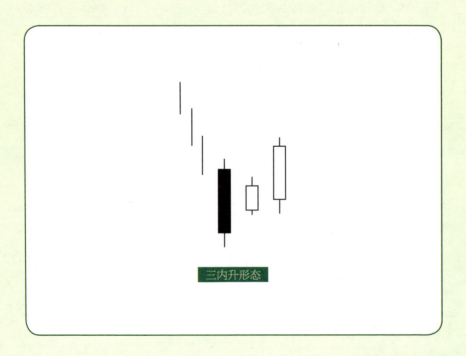

三内升形态

三内降形态

三内降形态是看跌孕线形态的简化,在该形态中,第三根蜡烛线是一根黑色的蜡烛线,并且收盘价要低于第二根蜡烛线的收盘价。它预示着市场即将走向看跌的趋势。

如下图所示:

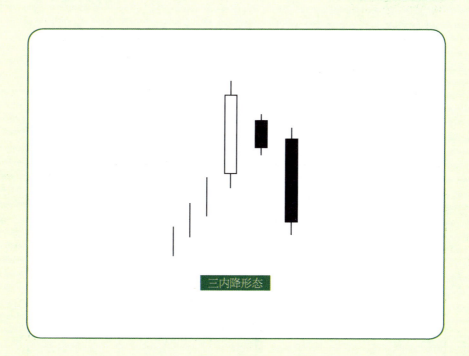

三外升与三外降

三外升形态

　　三外升形态是看涨抱线形态的演化。在该形态中，第三根蜡烛线是一根白色的蜡烛线，并且价格是上涨的。作为抱线形态的确认形态，第三天的白色蜡烛线反映着市场即将走向看涨的趋势。

　　如下图所示：

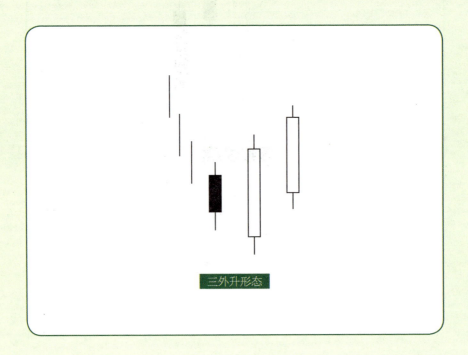

三外升形态

三外降形态

三外降形态是看跌抱线形态的演化。在该形态中,第三根蜡烛线是一根黑色的蜡烛线,并且价格是下跌的。作为抱线形态的确认形态,第三天的黑色蜡烛线反映市场即将走向看跌的趋势。

如下图所示:

三外降形态

平头顶与平头底

平头形态是由两根或多根相同最高价或相同最低价的蜡烛线组成的。当两根或多根连续的蜡烛线具有相同的最高价时，即形成平头顶形态。而把两根或多根连续的蜡烛线具有相同的最低价的平头形态，称为平头底形态。

平头形态既可以由白色实体组成，也可以由黑色实体组成，或者是由影线、十字线组成。而且，它既可以由相邻的蜡烛线组成，也可以由相隔不远的蜡烛线的组成。这就是说，在构成顶部反转信号时，平头形态的蜡烛线中间可能包含着其他看跌的蜡烛图因素；反之，在构成底部反转信号时，平头形态的蜡烛线中间可能包含着其他看涨的蜡烛图因素。只是，在这种情况下，它的反转信号已经不是很强烈，所以也很难起到决定性作用。

在判断平头顶形态时，要参考重要的阻挡位；而在判断平头底形态时，要参考重要的支撑位。因为在平头形态里，只有支撑位和阻挡位配合，才能更好地发挥效力。如果只判断单一的蜡烛线形态，不注意结合整体技术面的操作，忽视了市场当前的趋势走向，就极有可能掉进细节的陷阱。

另外，无论是平头顶形态还是平头底形态，均属于小规模的市场反转信号。如果构成平头形态的蜡烛线同时还形成了其他的蜡烛图信号，或者是还存在其他可供参考的技术分析因素，那它的重要性也就显而易见。

> **平头顶**

平头顶形态与其组成的蜡烛线的颜色无关，它的重点在于蜡烛线的最高点是否一致。同时，它的最高点既可以是实体部分，也可以是由蜡烛线的上影线或者是十字星构成。一般情况下，平头顶形态都是由相邻的蜡烛线或相隔很近的蜡烛线组成，这时其组合形态的技术信号并不强烈。然而，如果平头顶形态是由相隔较远的蜡烛线形成的，中间又夹杂着其他的市场组合形态，此时的看跌信号就会非常强烈。

如下图所示：

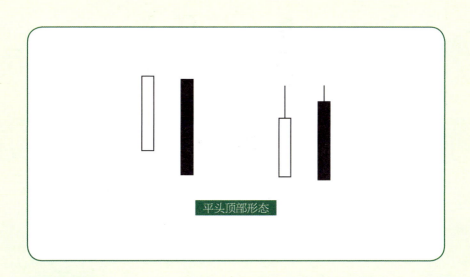

> **平头底**

同平头顶形态一样，平头底形态也不看重蜡烛线的颜色，只着眼于蜡烛线的最低点是否一致。它也是可以由蜡烛线的实体组成，也可以由蜡烛线的下影线或者十字星构成，只要最低点保持平整即可。当平头底形态由相邻的蜡烛线或距离较近的蜡烛线组成时,它所反映的信号也不是很强。在实际的市场形态中,多参考其他的蜡烛图组合来综合评断是否该采取下一步行动才是上策。如果平头底形态是由两根相隔较远的蜡烛线组成的,市场价格又变化不断,该平头底的看涨信号就非常有效。

如下图所示：

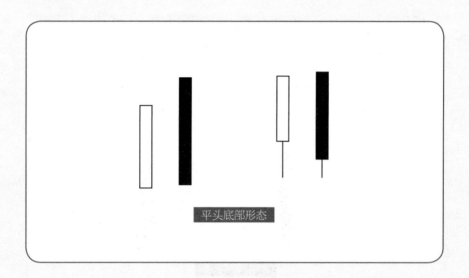

平头底部形态

捉腰带线

捉腰带形态是由单独一根蜡烛线构成的,它的基本特征就是具有长长的实体,没有影线从收盘价处延伸出来。日本的技术分析师认为,当这种具有较长实体的蜡烛线出现在支撑位和阻挡位区域附近时,它的反转意味就更为强烈。

市场在既定的趋势中运行,突然出现一个价格跳空缺口,而该缺口的跳空方向又同市场当前的发展趋势相同;但是,从这个跳空缺口开始,市场不再追随原来的走向前行,它开始改变方向。这种局面促使市场参与者们开始重新考虑头寸的安排,是获利了结,还是继续追加,而这些犹豫不决的行为,更进一步加强了市场的反转意味。

一般情况下,捉腰带线的实体部分越长,其传递的技术含义越大。因为从它最终的收盘价远离开盘价的相反方向就可以看出,当前市场的主导方已经彻底控制了局面。所以,正如其他反转形态一样,捉腰带线在人们进行投资决策中常常能够发挥神奇的功效。

根据捉腰带线出现的趋势不同,它又分为看涨捉腰带线和看跌捉腰带线。无论是看涨捉腰带线,还是看跌捉腰带线,它的反转力度都跟自身的实体长度有关,实体长度越长,市场的反转力度越大,反之,实体长度越短,市场反转力度越小。

看涨捉腰带线

看涨捉腰带线是由一根长长的白色蜡烛线构成的,其开盘价位于或接近于当日最低点，而且，它的收盘价也紧跟着当日最高点。如果在一段上涨的市场趋势中，它的出现，就意味着市场的买方占据着优势。相反，如果它出现在一段下降的市场趋势中，则预示着向上反弹的机会就要到来。

如下图所示：

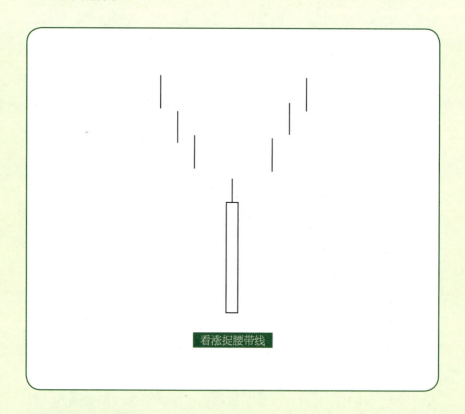

看涨捉腰带线

> 看跌捉腰带线

看跌捉腰带线是看涨捉腰带线的反面，是由一根长长的黑色蜡烛线构成的，其开盘价位于或接近于当日最高点，然后，一路走低，最终它的收盘价也紧跟着当日最低点。如果看跌捉腰带线出现在一段稳健的上涨趋势中,这可能已经形成一个顶部逆转的信号。

如下图所示:

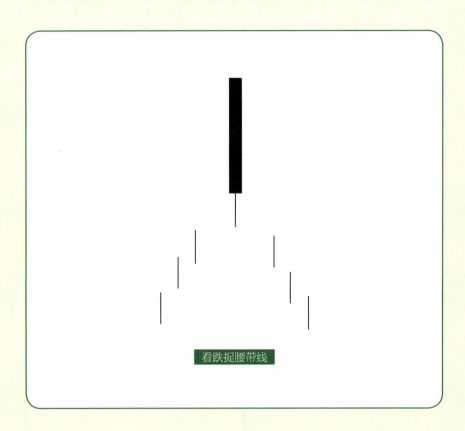

看跌捉腰带线

白色一兵

白色一兵是一种看涨反转形态，它出现在市场的下跌行情中。在该形态中，首先出现的是一根长长的黑色蜡烛线，延续着早已存在的看跌趋势。然而，第二天的市场却高开高走，其开盘价等于或远高于第一天的收盘价，而其收盘价却临近当天的最高价，同时高于第一天的最高价。如果第三天的市场价格持续走高，那么该形态的反转意味就正式得以确认。

如下图所示：

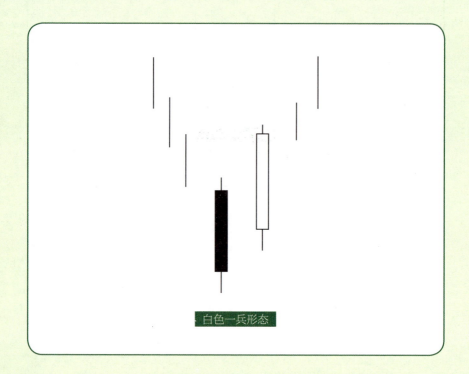

白色一兵形态

白色一兵形态是在并列阴阳线形态基础上延伸出来的一种形态。当第二根白色蜡烛线的开盘价高于第一根黑色蜡烛线的收盘价，并且当第二根白色蜡烛线的收盘价也高于第一根黑色蜡烛线的最高价时，就会出现并列阴阳线。

　　在白色一兵形态中，它的两根蜡烛线都必须是坚挺的蜡烛线，可以是白色，也可以是黑色。但实体部分一定要长。当市场价格波动范围高于中点值的1.5%时，就会出现长蜡烛线。或者说，当市场价格波动范围高于前五日的最高价和最低价平均值的0.75倍时，也会出现长影线。所谓的价格波动范围，是指当天的最高价和最低价之间的差异。中点值是指当天最高价和最低价的中间值。而关于长实体和长蜡烛线的部分，前面已经讲述过，此处不再重复。

　　从形态上看，白色一兵形态与刺透形态、看涨抱线形态以及看涨孕线形态都非常相似。所不同的是，在看涨抱线形态中，第一根黑色蜡烛线完全被第二根白色蜡烛线包围；而看涨孕线形态中，第一根黑色蜡烛线完全包围了第二根白色蜡烛线。而白色一兵形态中的两根蜡烛线，并不需要相互包围。

一只乌鸦

　　一只乌鸦是一种看跌反转形态，它出现在市场的上涨行情中。在该形态中，首先出现的是一根长长的白色蜡烛线，进一步强化了市场早已存在的看涨趋势。但是，第二天的市场却低开低走，其开盘价等于或远低于第一天的收盘价，而其收盘价也低于第一天的最低价，在当天的最低价附近结束交易。如果第三天的市场价格持续下跌，那该形态的看跌信号就进一步明朗化。

　　如下图所示：

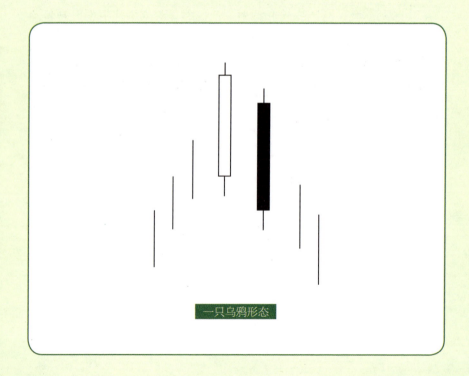

一只乌鸦形态

一只乌鸦形态，同样是在并列阴阳线形态基础上延伸出来的一种形态。当第二根黑色蜡烛线的开盘价低于第一根白色蜡烛线的收盘价，并且第二根黑色蜡烛线的收盘价也低于第一根白色蜡烛线的最低价时，就会出现并列阴阳线。

　　同白色一兵形态一样，一只乌鸦形态的两根蜡烛线也必须是坚挺的蜡烛线，可以是白色，也可以是黑色。但实体部分一定要长。也就是说，蜡烛线的实体部分，它们的实体长度要超过最高价与最低价波动范围的一半。

　　从形态上看，一只乌鸦形态与乌云盖顶形态、看跌抱线形态以及看跌孕线形态都非常相似。所不同的是，在看跌抱线形态中，第一根白色蜡烛线完全被第二根黑色蜡烛线包围；而看跌孕线形态中，第一根白色蜡烛线完全包围了第二根黑色蜡烛线；而一只乌鸦形态中的两根蜡烛线，不需要相互包围。

两只乌鸦

两只乌鸦形态可以预测市场顶部反转，也可以预测熊市反转。在该形态中，第一根白色蜡烛线的出现延续着市场原有的上涨趋势。随后，第二天出现的黑色蜡烛线形成一个向上跳空的缺口，紧接着第三天又是一根黑色蜡烛线，这根蜡烛线的开盘价处于第二根黑色蜡烛线的实体内，最后却在第一天的白色蜡烛线实体内收盘。这意味着该形态比向上跳空两只乌鸦的看跌意味更为强烈。第三根蜡烛线的实体长度越长，价格越低，其看跌的意义就更强烈。

如下图所示：

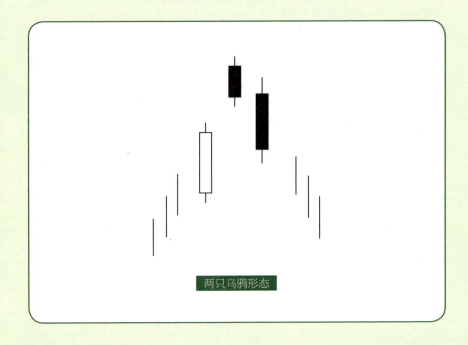

两只乌鸦形态

在两只乌鸦形态出现之前，市场已经在上涨趋势中运行了一段时间。虽然第二天突然出现了一个向上的跳空缺口，但是市场的走势并没有持续加强。多方的力量在空方重力阻击之下被削弱，所以最后以低价收盘。然后，第三天市场继续高开走向，可是依然不能超过第二天的开盘价。此时，市场的信心逐渐受到打击，一些短线投资者们开始抛售股票，最终导致市场在第一天的实体内收盘。

如果仔细留意，我们就会发现，第二天的向上跳空缺口仅仅维持了一天就被快速回补，说明市场中空方的力量非常强大，市场趋势逐渐走弱，继而出现反转。

从图形上看，如果把两只乌鸦形态中的两根黑色蜡烛线合并成一根坚挺的黑色蜡烛线，那就形成了乌云盖顶形态。所以，两只乌鸦形态与乌云盖顶形态有些类似。同时，两只乌鸦形态与向上跳空两只乌鸦形态也很接近，两者不同的是，在向上跳空两只乌鸦形态中，第三根蜡烛线并没有在第一根蜡烛线的实体内收盘。当然，如果两只乌鸦形态的第二根蜡烛线和第三根蜡烛线之间没有形成缺口的话，该形态还可以演化为黄昏星形态。

两只兔子

两只兔子是与向下跳空两只兔子形态比较类似的形态。在两只兔子形态出现之前，市场处于下跌趋势中。第一根黑色蜡烛线的出现，更是延续了市场原有的趋势。随后的第二根白色蜡烛线形成一个向下跳空的缺口，在第三天的时候，市场又以高于第二根白色蜡烛线的开盘价的价格开盘，然后，价格不断攀升，最终收盘于第一根黑色蜡烛线的实体内。这意味着该形态比向下跳空两只兔子的看涨意味更为强烈。第三根白色蜡烛线的实体长度越长，价格越高，其看涨的意义就越强烈。

如下图所示：

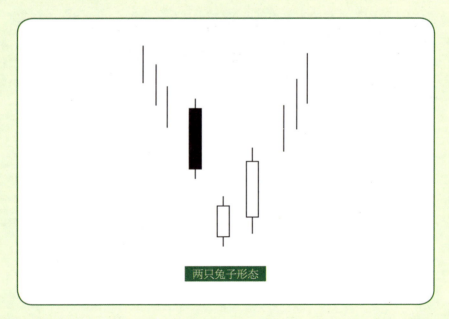

两只兔子形态

在两只兔子形态中，第一根黑色蜡烛线与第二根白色蜡烛线之间的实体缺口必须大于第一根黑色蜡烛线最高价与最低价之差的10%。同时，这三根蜡烛线都要拥有很长的实体。也就是说，它的实体长度要超过最高价与最低价之差的一半。同时，第三根白色蜡烛线的开盘价要位于第二根白色蜡烛线的实体内部，而收盘价却在第一根黑色蜡烛线的实体内部。

如上所述，市场原本已经在下跌的趋势中运行了一段时期，一根黑色蜡烛线的出现更是加强了市场低迷的气氛，这令空头们的信心倍增。因此，市场在第二天出现了跳空低开的局面。但是好景不长，这个新低并没能持续下去，反而稳步上涨，从而形成了一个白色的蜡烛线。然而，因为这根白色蜡烛线的收盘价仍然位于第一根黑色蜡烛线的收盘价之下，所以当前的下跌趋势并没有出现很大的变动。随后，第三天的市场一开盘就处于第二根白色蜡烛线的实体之内，就在多头们的内心稍感安慰时，它又收盘于第一根黑色蜡烛线之内。虽然这样的结果并不能让多头们拍手叫好，但第一根黑色蜡烛线与第二根白色蜡烛线之间的价格缺口如此被迅速地回补，还是令多头们的内心得到少许慰藉。当然，很多分析学者认为这种现象与传统的缺口分析并不相符，所以当前的下跌趋势依然会持续。这就需要我们根据次日行情以及其他技术分析方法来判别市场未来的发展趋势。

向上跳空两只乌鸦

　　向上跳空两只乌鸦，顾名思义，它出现于市场的上涨趋势中。在该形态中，它首先出现的是一根白色蜡烛线，反映当前的市场还是一片上升行情，但是，随后出现的两根黑色蜡烛线就像两只黑乌鸦一样，破坏了当前的大好形势。接着，第三天市场高开低走，收盘于第二天的收盘价之下。虽然第三根黑色蜡烛线收盘在第二根黑色蜡烛线之下，但它依然与第一根白色蜡烛线之间有一个向上的跳空缺口。

　　如下图所示：

向上跳空两只乌鸦形态

在向上跳空两只乌鸦形态中，第一根长长的白色蜡烛线是当前市场的一片大好形势的映射。但是，随后出现的两根黑色蜡烛线不约而同地都同第一根白色蜡烛线形成了一个向上的跳空缺口，则就意味着情况开始不妙。市场上多头的力量遭到压制。然而，这并没有引起市场内部大范围的恐慌，虽然最终也是以高开低走的形式终结了当天的战斗，但是，第二根黑色蜡烛线的收盘价依然高于第一根白色蜡烛线的收盘价。然后，第三根黑色蜡烛线仍然以高开盘价出场，却不幸地迅速被打落，最后只好在第二根黑色蜡烛线的收盘价之下收盘。但即便如此，第三根黑色蜡烛线的收盘价依然高于第一根白色蜡烛线的收盘价。在这种情况下，一部分市场参与者的内心开始出现动摇，大家开始怀疑市场能否持续走高，会不会出现新的下降。市场出现反转的潜在信号由此而来。

如果次日（也就是第四天）市场还是不能拿下前面的制高点，那么，显而易见，将会有更低的价格出现。此时，市场的反转趋势，得到明确确认。

向下跳空两只兔子

向下跳空两只兔子形态是与向上跳空两只乌鸦相反的形态。该形态出现在市场的下跌趋势中，首先出现的是一根黑色蜡烛线，延续市场之前的颓势。但是，随后出现的两根向下跳空的白色蜡烛线就像两只兔子一样，冲击着市场当前的低迷状态。尽管第三根白色蜡烛线的开盘价甚至低于第二根白色蜡烛线的开盘价，但它的收盘价却高于前一天的收盘价，看涨空间很大。

如下图所示：

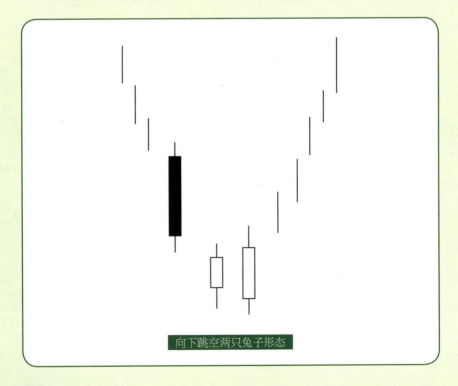

向下跳空两只兔子形态

向下跳空两只兔子形态是一种看涨反转形态。第一根长长的黑色蜡烛线，强化了市场之前的下跌气氛。随后，市场在第二天跳空低开，盘中价格不断上涨，最终形成一根白色蜡烛线。但是，市场看跌的趋势依然没有改变。因为第二根白色蜡烛线的收盘价并没有超过第一根黑色蜡烛线的收盘价。在第三天，市场以低于第二天的开盘价打开局面，价格迅速上涨，最终以高于第二天的收盘价结束当天的交易。此时，市场的下降趋势能否延续以及下降强度由于接连两根白色蜡烛线的出现而受到怀疑。如果次日的市场再出现一根白色蜡烛线，那该形态的反转意义就得以明确确认。

　　需要特别注意的是，在向下跳空两只兔子形态中，第二根白色蜡烛线必须完全被第三根白色蜡烛线吞没。也就是说，不但实体部分要完全吞没，就是上下影线部分也要吞没。然后，该形态中出现的三根蜡烛线的实体必须要长。关于实体长度的问题，前面章节多次概述，此处不再重复。尽管第二根白色蜡烛线的实体可以相对较小，但与最高价和最低价之间的价格波动范围相比，它依然要是一个长实体。同时，因为第三根白色蜡烛线的收盘价低于第一根黑色蜡烛线的收盘价，这使得第一根黑色蜡烛线与第二根白色蜡烛线产生的缺口最终也未能补上。而第一根黑色蜡烛线与第二根白色蜡烛线实体部分的缺口要分别大于它们的最高价与最低价之差的10%。

　　在实际的市场交易中，向下跳空两只兔子形态并不常见，此处只做技术分析。

三只乌鸦

三只乌鸦形态由三根收盘价处于其最低点或接近其最低点的黑色蜡烛线组成，就像前进白色三兵反转过来一样。该形态一般都是出现在上涨趋势中，三根黑色蜡烛线依次逐渐向下排列。每根蜡烛线的收盘价都是最低价，或者是次低价，如果每根黑色蜡烛线的开盘价都在前一根蜡烛线的实体之内，市场发生反转的信号就非常明显。

如下图所示：

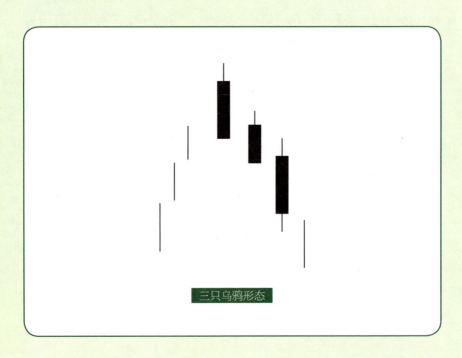

三只乌鸦形态

日本有句俗语："好事不出门，坏事长翅膀。"拿这句话来形容三只乌鸦形态，可谓是恰如其分。它的出现，意味着市场有可能出现看跌趋势。

三只乌鸦形态可以为中长线投资者传递十分有效的帮助信息。因为当这个形态的第三根黑色蜡烛线形成时，市场已经非常明显地从之前的高位显著下降了很大的幅度。

从形态上看，三只乌鸦形态中的三根黑色蜡烛线的收盘价都处于其最低处，或者临近其最低处附近；而每根黑色蜡烛线的开盘价也都处于前一个实体的开盘价范围之内。

市场原本已经逐渐接近顶部，或者在高位已经盘旋了很长一段时期。这时，突然出现的黑色蜡烛线，意味着市场可能要进入下跌趋势中。而随后两天接连出现的黑色蜡烛线，表明市场价格确实受到冲击，市场参与者们有的卖盘止损，有的获利了结。这种剧烈的价格走势严重打击了多头的信心。

在三只乌鸦形态中，如果第一根黑色蜡烛线的实体在前面一根白色蜡烛线的最高价之下，那该形态的熊市反转意义就更加强烈。

三只乌鸦接力

顾名思义，三只乌鸦接力是三只乌鸦形态的特例。两者的不同之处在于，第二根黑色蜡烛线的开盘价位于或临近第一根黑色蜡烛线的收盘价处，而第三根黑色蜡烛线的开盘价又位于或临近第二根黑色蜡烛线的收盘价处。由此一来，在实际的蜡烛线形态中，呈现出来的就是连续两根黑色蜡烛线的实体部分可以衔接起来，没有价格空隙。

如下图所示：

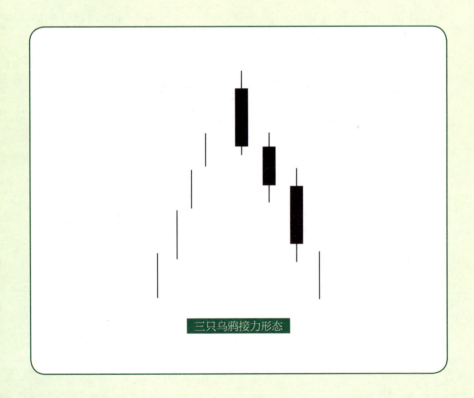

三只乌鸦接力形态

三只乌鸦接力形态虽然在形态上和三只乌鸦非常相似,都是由三根长长的黑色蜡烛线组成,但两者的位置却不同。三只乌鸦接力形态的每根黑色蜡烛后续的开盘价都非常接近前一根黑色蜡烛线的收盘价。

三只乌鸦接力形态反映了当前市场的局面,由于某种原因导致市场开始恐高,大量卖空盘和获利结盘的出现,导致市场正在摆脱上涨趋势,逐渐进入下降行情中。每天的收盘价都成为次日市场价格的阻挡位,导致多头再也无力反击,只是将阵地让给对手。

三只乌鸦接力形态是比三只乌鸦形态更为强烈的市场由牛市转向熊市的反转信号。但是,在实际的市场交易过程中,三只乌鸦接力形态非常罕见。在此,我们也不再做过多分析。

南方三星

在一段下降行情中，市场首先出现一根带有很长下影线的黑色蜡烛线（有点类似锤子线，但不足以达到其黑色实体的两倍），紧跟着的第二根黑色蜡烛线跟第一根黑色蜡烛线类似，只是有所缩小，而且不足以跟第一根蜡烛线的最低价比肩。随后，第三天出现一个没有上下影线或影线很小的黑色蜡烛线，其开盘价和收盘价都在第二天的价格范围内。这种形态通常称为南方三星形态。

如下图所示：

南方三星形态

南方三星形态是跟三只乌鸦相似的形态，两者的区别在于三只乌鸦是熊市的反转信号，而南方三星是牛市的反转信号。

市场原本处于下跌趋势中，突然某一天，价格竟然创出了新低，这让多方非常恐慌，开始奋力抵抗。所以，我们可以看到，在收市时，市场收盘价要高于最低价，从而形成很长的下影线。

在实际的市场交易中，如果真的出现了上述情形，一些做多头的短期投资者会非常感兴趣，因此第二天的市场会高开，短期投资者们纷纷入场抢码。然而，这种情况并没有得以延续，市场再一次出现下跌。然而，经过多方的强力阻击，最后仍然以收盘价高于最低价的结果结束当天的交易。但是，当天入场抢码的短期投资们基本被套牢，所以，第三天的市场价格波动不大，做空的投资者也有所收敛，最后以一根较小的黑色秃蜡烛线宣告当天的战斗结束。

第三天的蜡烛线可以有较小的影线，但是这些影线不会影响最终结果。总体说来，前一天的蜡烛线可以吞没后一天的蜡烛线。

北方三星

北方三星形态是与南方三星相反的形态。它是由三根白色蜡烛线组成的，其中第二根白色蜡烛线与第三根白色蜡烛线的最高价呈依次降低趋势，而它们的最低价却逐日上涨。另外，第三根白色蜡烛线是一根没有上下影线或上下影线很短的秃头蜡烛线，它的开盘价和收盘价都处于第二根白色蜡烛线的价格区间内。

如下图所示：

北方三星形态

北方三星形态呈现的市场变化是每况愈下的上升趋势，它通过最高价不断降低而最低价不断提高的情形，反映着市场每天的价格波动范围趋向于越来越小。

　　在该形态中，第一根白色蜡烛线的上影线的长度理应超过当天交易价格范围的40%，而且它没有下影线或下影线非常短。如果有下影线，其长度也不能超过当天交易价格范围的7.5%。其中，这根白色蜡烛线的长上影线对北方三星形态来说，非常重要。因为这是预示空头即将进入市场的第一个潜在的信号。同时，北方三星形态的第二根白色蜡烛线的开盘价虽然低于第一根白色蜡烛线的收盘价，但是在市场交易过程中，价格却不断攀升，最终以高于第一根白色蜡烛线的收盘价的价格收盘。另外，第二根白色蜡烛线的最高价低于第一根白色蜡烛线的最高价，它对上下影线的要求与第一根白色蜡烛线的要求是一致的。

　　综上所述，我们可以看出，北方三星形态在定义上的要求还是非常严格的。通常情况下，我们在实际的市场交易中并不常遇见这种形态。在前面的讲述中，提到了秃头蜡烛线，这种蜡烛线出现的频率也不高，如果再加上对影线的要求，北方三星形态出现的概率就更低。因此，我们可以适度放宽对蜡烛线微小变化的接受程度。否则的话，这些罕见的形态可能在实际的交易市场中百年不遇。这并不是要求我们要改变对该形态的整体认知。关于第一根白色蜡烛线和第二根白色蜡烛线的上下影线部分的要求，依然保持不变。只是对第三根白色蜡烛线的实体部分做适当变动，它可以不必是一根没有上下影线的白色蜡烛线，但是它的实体部分必须要超过当天价格波动范围的一半。

藏婴吞没

藏婴吞没形态出现在一段下降行情中，连续两根黑色蜡烛线更是让市场乌云密布。但是，第三天出现的带有长长上影线的黑色蜡烛线减低了当前的下跌力度，虽然在开盘时它也形成了一个向下跳空的缺口，但该缺口很快就得到回补。紧接着，第四根黑色蜡烛线完全吞没了第三天的黑色蜡烛线，包括它的上影线。这说明尽管市场交易日内依然创下新低，但是下跌的速度得到抑制。

如下图所示：

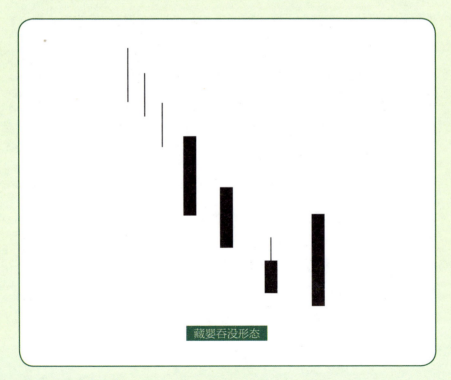

藏婴吞没形态

从图形上看，藏婴吞没形态和三只乌鸦形态、南方三星形态非常类似，但是三只乌鸦形态是熊市反转信号，通常出现在上升的市场趋势中，而藏婴吞没形态和南方三星形态一样，都是牛市反转信号，一般出现在下降的市场趋势中。

市场原本的下跌趋势已经持续了一段时间，突然出现的两根没有上下影线的黑色蜡烛线的出现，令空头们异常激动。随后，第三天的市场又以一个向下跳空的情形开盘，这无疑等同于又给空头们打了一针强心剂。然而，市场中的交易价格一度突破头一天的收盘价。虽然市场最终还是在最低价收盘，但其间的这种变化还是引起了一部分投资者的注意。所以，第四天的市场形成一个跳空高开的局面。当然，第四天的交易仍然在最低价收盘，但不能否认的是，这种情形为卖空的短线投资者提供了一个绝佳的弥补沽空头寸的机会。

需要再次强调的是，藏婴吞没形态的前两天是两根黑色的秃蜡烛线。第二根蜡烛线和第三根蜡烛线之间形成的向下跳空缺口是形态所必需的，而且第三根蜡烛线的上影线也必须突破到第二根蜡烛线的实体内。同时，第四根蜡烛线必须完全吞没第三根蜡烛线。这些条件必须全部满足，不容许有任何违反。

从技术理论上来讲，藏婴吞没形态是一种非常严格的形态，它基本没有其他变化形式。

竖状三明治形态

看涨竖状三明治形态

看涨竖状三明治形态是由三根黑白相间的蜡烛线组成的。市场在下降趋势中，首先出现一根黑色蜡烛线，紧随其后的白色蜡烛线，它的开盘价位于第一根黑色蜡烛线的收盘价之上。第三天出现的又是一根黑色蜡烛线，而且这根黑色蜡烛线的收盘价和第一根黑色蜡烛线的收盘价相同。这种情况意味着市场价格在此处得到支撑，从跌到涨的概率开始提升，投资者们放弃抛出，避免承担更多风险，市场逐渐走向稳定。

如下图所示：

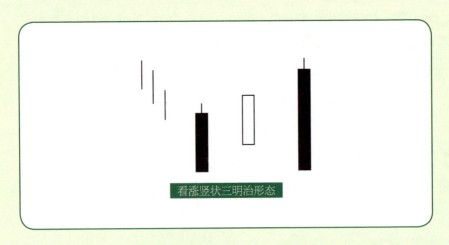

看涨竖状三明治形态

从图形上看，看涨竖状三明治形态后面两根蜡烛线的图形与看跌抱线形态非常类似。如果不考虑先前的市场发展趋势，仅仅从后面两根蜡烛线的图形对市场进行判断的话,你会发现这更像是市场出现支撑位的一种形态。

看涨竖状三明治形态出现之前,市场已经在下降的趋势中运行了一段时间,第一根黑色蜡烛线的出场更是延续了市场之前的颓势。可是,第二天的市场却突然出现了高开高走的局面,最后在临近最高价处收盘。这根白色蜡烛线,让多头们备感欣慰。因为这种突然而来的走势拨开了市场先前的阴霾,之前的下降趋势可能会发生变化,从而重现光明。同样,这对空头们的信心造成一定的打击,但是市场也没有出现大范围的平仓现象,有经验的投资者们都在耐心等待明确的信号出现,继而再做出决策。第三天的市场,继续以高开盘价拉开帷幕,空头们受到压制,交易市场逐渐开始出现平仓现象,价格一路下跌,最终在第一天收盘价附近匆匆结尾。至此,市场交易者们已经明确确认了当前价格的支撑位,他们为了避免承担更多的风险,开始放弃空头,市场逐渐走向稳定。

特别提醒大家注意的是,看涨竖状三明治形态作为熊市向牛市反转的信号,在通常情况下,那两根黑色蜡烛线的最低价都是支撑位。市场参与者们遇到这种情形,务必要多加关注。

> **看跌竖状三明治形态**

看跌竖状三明治形态是与看涨竖状三明治形态相反的形态。市场原本处于既定的上涨趋势中,首先出现的第一根白色蜡烛线延续了市场当前的行情。紧随其后出现的第二根黑色蜡烛线,低开低走,最终以最低价或在临近最低价处收盘。这意味着当前的上涨趋势随时可能发生反转,投资者就算不清仓收盘,至少也应该减少多头头寸。所以，第三天的白色蜡烛线，彻底吞没了第二根黑色蜡烛线。

如下图所示：

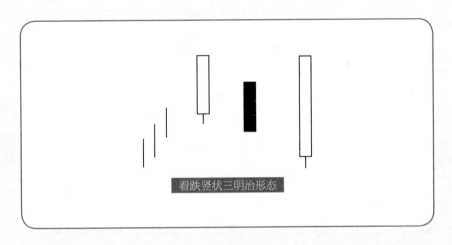

看跌竖状三明治形态

在看跌竖状三明治形态中，第二根黑色蜡烛线的开盘价低于第一根白色蜡烛线收盘价，而其收盘价又低于第一根白色蜡烛线的开盘价。除了第二根黑色蜡烛线的实体必须要足够长，以便其收盘价接近最低价外，该形态对第一根白色蜡烛线和第三根白色蜡烛线的实体长度均没有要求。所以，第一根白色蜡烛线可能是一个小小的实体，有没有很长的上影线和下影线并不重要。

需要特别提醒大家注意的是，看跌竖状三明治形态，对第一根白色蜡烛线和第三根白色蜡烛线的定义要求，就是两者的收盘价必须相等。这也是该形态的技术要点。但是，因为数据采集一般采用的都是十进制，我们必须考虑到这一形态的细微差别。如果第三根白色蜡烛线的收盘价与第一根白色蜡烛线的收盘价相差不超过千分之一的话，那就可以认定为这两天的收盘价是一致的。

相同低价形态

相同低价形态也出现在市场的下降趋势中，第一个出现的黑色蜡烛线更证明了这种市场趋势。虽然第二天的市场跳空高开，上扬趋势却没有顺利保持，最后价格依然回落到最低价收盘。在相同低价形态中，两根黑色蜡烛线的收盘价是相同的。这个形态的出现，预示着市场底部已经确定，即使未来几天再出现新的低价，也不足畏惧，不过是一种试探性的行为，不是持续现象。

如下图所示：

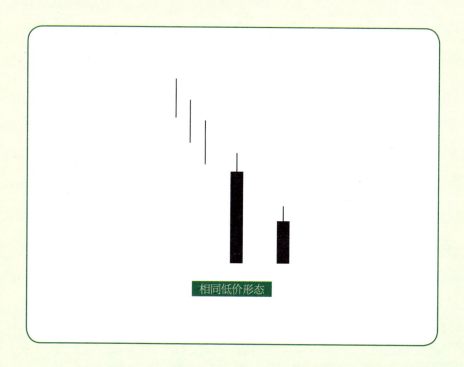

在相同低价形态出现之前,市场已经在下跌的趋势中徘徊了一段时间。第一根黑色蜡烛线的出现,更延续了这种低迷的氛围。然而,市场却在第二天突然出现高开现象,盘中的交易价格一度维持在比较高的位置。但是,好景不长,市场却在临近收盘时刻走向下跌,致使当天的收盘价和头一天的收盘价保持一致。

在一些短线趋势中,相同低价形态是一种非常经典的短线支撑形态。通常情况下,短线空头们对它会比较感兴趣。部分做空的投资者持有空头头寸的时候,一般都会非常谨慎,市场一旦出现什么风吹草动,为了减少风险,他们就会立即平仓。所以,对于相同低价形态短线空头们要多加留意。

这种形态的有趣之处就在于,虽然市场没有达成共识,但是市场参与者的心理作用却促成市场最后以相同的价位收盘。

如果从图形上看,我们可以发现,相同低价形态与竖状三明治比较类似,它只是比后者少中间那根白色蜡烛线。另外,因为相同低价形态中,两根黑色蜡烛线的收盘价相同,所以不能像家鸽形态那样认定第二根黑色蜡烛线完全被第一根黑色蜡烛线吞没。

在相同低价形态中,对两根蜡烛线的实体长度没有明确的要求,无论长短,都不会影响该形态的市场含义。

相同高价形态

相同高价形态首先出现的就是一根长长的白色蜡烛线，意味着当前市场处于上涨趋势中，紧跟着又出现一根白色蜡烛线，它的收盘价与第一天的收盘价相同。也就是说，两天的白色蜡烛线都没有上影线或者上影线非常短。

相同高价形态的形成，表明市场顶部可能已经形成。如果第二天的开盘价很低，然后又收盘于第一天的开盘价，那就更可以确认这一形态。

如下图所示：

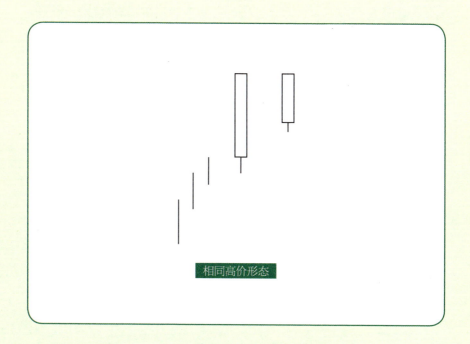

相同高价形态

在相同高价形态出现之前，市场已经在上涨的趋势中维持了一段时间。第一根白色蜡烛线的出现，加强了这种看涨的氛围。根据相同高价形态的技术含义，我们知道，该形态中两根蜡烛线的收盘价相同。所以，我们不必太在意第二根蜡烛线的实体长度，但需要留意第二根蜡烛线不能有上影线或是必须具备上影线很短的要求。这一形态的出现，表明市场顶部很有可能已经形成。

从图形上看，相同高价形态与俯冲之鹰形态有些类似，也是一种两日看跌反转形态。两者所不同的是，在相同低价形态中，两根白色蜡烛线的收盘价相同，所以不能像俯冲之鹰形态那样认定第一根白色蜡烛线完全吞没了第二根白色蜡烛线。

通过前面的讲述，我们已经很清楚地知道，蜡烛线的实体是指开盘价与收盘价之间的部分。相同高价形态的第一根白色蜡烛线必须具有很长的实体。这个长度是指实体部分要占最高价与最低价之间价格波动范围的一半以上。在该形态中，关于相同的收盘价部分，如果第二根白色蜡烛线的收盘价与第一根白色蜡烛线的收盘价的差别在千分之一之内，我们也可以视为两天的收盘价相同。

挤压报警形态

> **看涨挤压报警形态**

看涨挤压形态是一种看涨反转形态。它通常出现在下跌行情中，第一根长长的黑色蜡烛线更是延续了市场原来的下跌趋势。随后出现的第二根白色蜡烛线和第三根白色蜡烛线的最高价一天比一天低，而最低价却一天比一天高。

如下图所示：

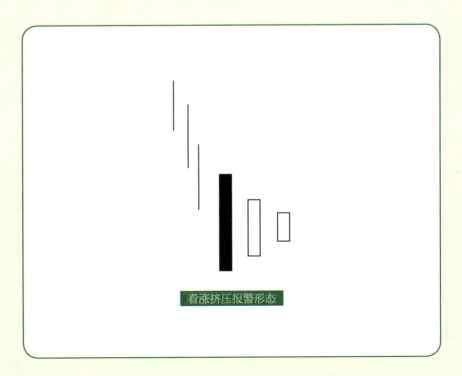

看涨挤压报警形态

在看涨挤压报警形态中，三根蜡烛线的实体长度并不重要。重要的是市场的原本的下跌趋势逐渐走向平稳。如果这一形态出现后的第一天或是第二天的市场立即开始大幅上涨，那价格就会向上突破。反之，如果这一形态出现后的第一天或是第二天市场立即开始下跌，那价格也会持续下跌。

也就是说，在出现看涨挤压报警形态之前，市场原本就已经处于强烈的下跌趋势时，该形态出现之后，它既有可能引发市场转向看涨的行情，也有可能继续之前的下跌行情。

需要特别提醒的是，为了更好地确定看涨挤压报警形态，首先我们要确定市场真的处于下跌趋势中，并且不但该形态的第一根蜡烛线必须是黑色蜡烛线，它的前一天也必须是一根黑色的蜡烛线。

看跌挤压报警形态

看跌挤压报警形态是与看涨挤压报警形态相对应的一种看跌反转形态。它通常出现在上涨行情中，首先出场的第一根长长的白色蜡烛线强化了市场原来的上涨趋势。随后出现的第二根黑色蜡烛线和第三根黑色蜡烛线的最高价却逐日递减，而最低价却逐日递增。

如下图所示：

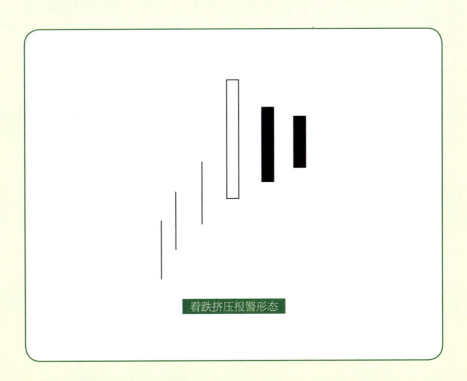

看跌挤压报警形态

在看跌挤压报警形态中，三根蜡烛线的实体长度同样不重要。它的重要性，也是令市场原来的上涨趋势逐渐趋向平稳。如果该形态出现后的第一天或是第二天的市场立即开始大幅上涨，那价格就会向上突破。反之，如果这一形态出现后的第一天或是第二天市场立即开始下跌，那价格也会持续下跌。

也就是说，在出现看跌挤压报警形态之前，市场原本就已经处于强烈的上涨氛围中，该形态出现之后，它既有可能引发市场转向看跌的行情，也有可能继续之前的上涨行情。

需要特别提醒的是，为了更好地确定看跌挤压报警形态，首先我们要确定市场真的处于上涨趋势中，并且不但该形态的第一根蜡烛线必须是白色蜡烛线，它的前一天也必须是一根白色蜡烛线。

从上述的讲解中，我们可以发现，无论是看涨挤压报警形态，还是看跌挤压报警形态，其主要目的都只是为投资者们提供警示作用。当市场中真的出现挤压报警形态时，我们首先要观察这一形态出现后的价格趋势，然后再决定采取什么样的行动才是良策。

三次向上跳空形态

三次向上跳空形态，顾名思义，该形态中连续三天向上跳空高开。它的前两根蜡烛线的颜色并不重要，可以是黑色，也可以是白色，只要第二根蜡烛线与第一根蜡烛线的实体之间存在跳空缺口即可。而最后两根蜡烛线的颜色必须是白色，价格波动范围也比较大，所以实体长度要长。同时，最后两根蜡烛线的实体之间也要有缺口，与头一根蜡烛线的实体之间也存在缺口。

如下图所示：

三次向上跳空形态

三次向上跳空形态，一般出现在市场的上涨趋势中，首先出现的两根蜡烛线实体之间要形成一个向上跳空的缺口。随后，第三天以高于第二天最高价的价格开盘，然后一路攀升，最后以接近当天的最高价收盘。第四天又以高于第三天的开盘价迅速打开市场，市场价格继续向上冲击，最终形成一根长长的白色蜡烛线。此时的市场，已经连续出现了三个向上跳空的缺口。

一般来说，向上跳空意味着市场价格要创出新高，但如果连续出现三个向上跳空缺口的话，那么市场已经出现超买现象，所以当前的趋势即将被打断，甚至出现看跌的反转信号。因此，市场交易者们应该在第三个缺口出现时卖出多头头寸。

需要提醒的是，由于这一形态比较复杂，所以其形态不能简化。而且它对实体之间的缺口要求也很严格，也就是说，四个实体之间的三个缺口的大小一定要超过各自前一根蜡烛线实体部分的10%。

三次向下跳空形态

三次向下跳空形态是与三次向上跳空相反的看涨反转形态。在该形态中，连续出现三天的向下跳空低开。它的前两根蜡烛线的颜色也不重要，也是黑白均可。只要第二根蜡烛线与第一根蜡烛线的实体之间存在跳空缺口即可。而最后两根蜡烛线的颜色必须是黑色，价格波动范围也比较大，所以实体长度要长。同时，最后两根蜡烛线的实体之间也要有缺口，与头一根蜡烛线的实体之间也存在缺口。

如下图所示：

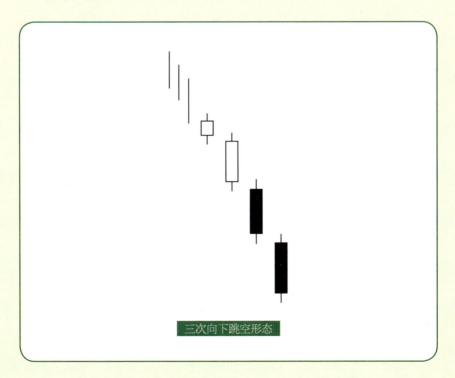

三次向下跳空形态

三次向下跳空形态，一般出现在市场的下降趋势中，首先出现的两根蜡烛线实体之间要形成一个向下跳空的缺口。随后，第三天以低于第二天最低价的价格开盘，然后一路下跌，最后以接近当天的最低价收盘。第四天又以低于第三天的开盘价开盘，市场价格继续向下降落，最终形成一根长长的黑色蜡烛线。此时的市场，已经连续出现了三个向下跳空的缺口。

同三次向上跳空形态一样，一般来说，向下跳空意味着市场价格不断创出新低，但如果连续出现三个向下跳空缺口的话，则意味着当前的市场已经出现超卖现象，所以当前的趋势即将被打断，继而出现看涨的反转信号。因此，市场交易者们应该在第三个缺口出现时补进空头头寸。

同理，由于三次向下跳空的形态也比较复杂，其形态也不能简化。它对其实体的要求也很严格，也是四个实体之间的三个缺口的大小一定要超过各自前一根蜡烛线实体部分的10%。

脱离形态

>看涨脱离形态

一般情况下，看涨脱离形态出现在一段下降行情中，第一天是一根长长的黑色蜡烛线，第二天又是一根向下跳空的黑色蜡烛线。然而，在这个向下跳空的缺口后，会紧跟着一系列黑色蜡烛线，市场的价格不断下降。这其中第三天出现的蜡烛线不仅限于黑色蜡烛线，也可以是白色蜡烛线。最后，第五天出现的长长的白色蜡烛线，以自己坚挺有力的姿态一举收复在第四天和第三天出现的下跌空间，并且突破到第一天和第二天形成的跳空缺口内。

如下图所示：

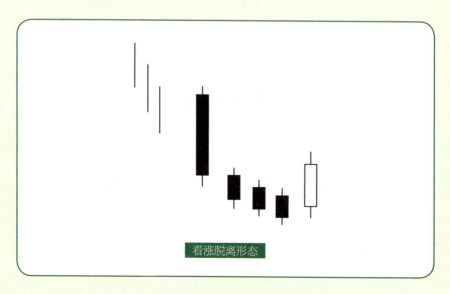

看涨脱离形态

> 看跌脱离形态

看跌脱离形态是跟看涨脱离形态相反的形态，它通常出现在一段上升行情中。该形态第一天出现的是一根长长的白色蜡烛线，然后出现一个向上跳空的缺口，在这个跳空缺口中出现的是三根连续的白色小蜡烛线，且第三天出现的蜡烛线可以是白色的，也可以是黑色的。这预示着市场处于加速上升趋势，然而，随后出现的第五根长长的黑色蜡烛线一下子把价格压回第一天和第二天形成的向上跳空缺口内。

如下图所示：

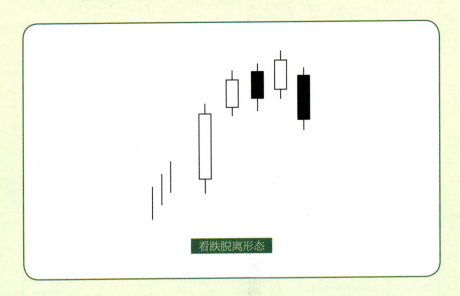

看跌脱离形态

触底后向上跳空形态

触底向上跳空形态是一种看涨反转形态。它通常出现在下跌趋势中，第一根黑色蜡烛线又延续了市场之前的走势。随后两天的行情，依然是两根黑色蜡烛线，而且每根蜡烛线的收盘价都比前一根蜡烛线收盘价更低。但是，第三根黑色蜡烛线是向下跳空低开的，它的开盘价也明显低于第二根黑色蜡烛线的收盘价。然后，又接连两根白色蜡烛线，其中第五根白色蜡烛线向上跳空高开，其开盘价也高于第四根白色蜡烛线的收盘价。

如下图所示：

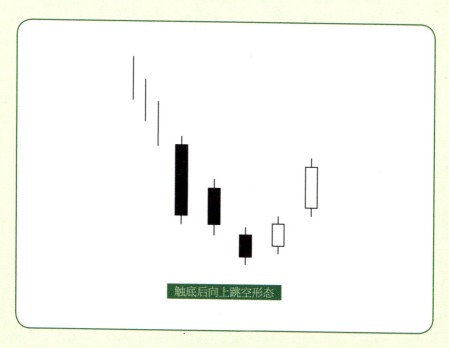

触底后向上跳空形态

在触底后向上跳空形态出现之前，市场原本已经处于下跌行情一段时期，此时一根长长的黑色蜡烛线更是强化了当前的下降趋势。紧随其后的两根黑色蜡烛线，其中第三天的市场又以一个跳空低开的势头打开局面，而且它的开盘价也低于第二根黑色蜡烛线的收盘价。市场不断创出新低，这似乎都在表明当前熊市的坚不可摧。然而，第四天的市场却出现了一个高开高走的趋势，最终形成一根白色蜡烛线。这表明当前市场下跌的趋势遭到遏制。随后，第五天的向上跳空高开，其开盘价又高于第四根白色蜡烛线的收盘价，最终以接近当日最高价的价格收盘，从而形成一根白色蜡烛线。这种情况一扫市场之前的低迷之势，意味着反转信号即在眼前。

对触底后向上跳空形态来说，尽管最后两天的上涨趋势比较明显，但是第五根白色蜡烛线的收盘价仍然要低于第一根黑色蜡烛线的最高价。也就是说，最后两天的上涨空间并没有完全回补前三天的价格下跌。当然，如果在这一个向上跳空的缺口后面又连续出现两个以上的向上跳空缺口，那么市场参与者们就应该卖出多头头寸。而两根蜡烛线实体之间的缺口，无论是向上跳空缺口，还是向下跳空缺口，都应该大于第一天价格变动范围的10%。

需要特别提醒的是，触底后向上跳空形态的五根蜡烛线的价格变化范围都比较大，蜡烛线的实体长度也比较长。

触顶后向下跳空形态

触顶后向下跳空形态是与触底后向上跳空形态相反的看跌反转形态。它通常出现在上涨趋势中，第一根白色蜡烛线强化了市场之前的看涨氛围。

随后两天的行情，依然是两根白色蜡烛线，而且每根蜡烛线的收盘价都比前一根蜡烛线收盘价更高。但是，第三根白色蜡烛线是向上跳空高开的，它的开盘价也明显高于第二根白色蜡烛线的收盘价。然后，又接连两根黑色蜡烛线，其中第五根白色蜡烛线向下跳空低开，以低于第四根黑色蜡烛线的收盘价开盘。

如下图所示：

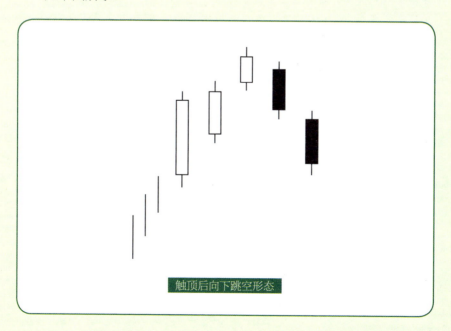

触顶后向下跳空形态

在触顶后向下跳空形态出现之前，市场原本已经处于上涨行情中一段时期，此时一根长长的白色蜡烛线更是增强了当前的上涨趋势。紧随其后的两根白色蜡烛线，其中第三天的市场又以一个跳空高开的势头拉开帷幕，而且它的开盘价也高于第二根白色蜡烛线的收盘价。市场不断创出新高，当前市场一片飘红，牛市势不可当。然而，第四天的市场却出现了一个低开低走的趋势，最终形成一根黑色蜡烛线。这表明当前市场上涨的趋势遭到阻击。随后，第五天的向下跳空低开，其开盘价又低于第四根黑色蜡烛线的开盘价，最终以接近当日最低价的价格收盘，从而形成一根黑色蜡烛线。这种情况的出现，意味着市场上涨乏力，看跌的反转信号即将出现。

对触顶后向下跳空形态来说，尽管最后两天的下跌趋势比较明显，但是第五根黑色蜡烛线的收盘价仍然要高于第一根白色蜡烛线的最低价。也就是说，最后两天的下降空间并没有全面击落前三天的价格上涨。当然，如果在这一个向下跳空的缺口后面又连续出现两个以上的向下跳空缺口，那市场参与者们就应该补进多头头寸。

同样的，两根蜡烛线实体之间的缺口，无论是向上跳空缺口，还是向下跳空缺口，也是大于第一天价格变动范围的10%。关于五根蜡烛线的实体长度部分，触顶后向下跳空形态与触底后向上跳空形态的要求是一样的。

梯形顶部形态

梯形顶部形态出现在上涨趋势中，连续四根白色蜡烛线的开盘价和收盘价都不断让市场价格创出新高，此时的多头们早已拍手叫好。然而，好花不常开，好景不常有。第五天的市场一开盘，就处于第四根白色蜡烛线的实体之下，其收盘价也远远低于第四根白色蜡烛线的最低价。这样的结果让多头们有些始料未及，但从第四天的交易情形就可以看出潜在的危机，虽然第四天依然是高开高走的结果，但是其间的交易价格却一度下跌，所以第四根白色蜡烛线带有长长的下影线。

如下图所示：

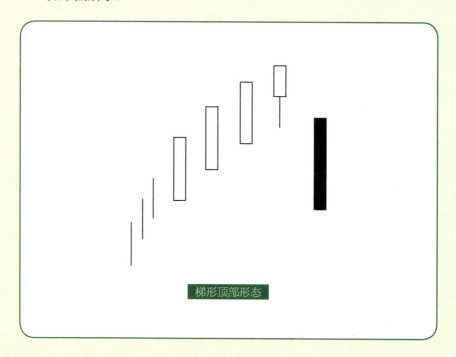

梯形顶部形态

在梯形顶部形态出现之前，市场正处于上涨趋势中，前三根白色蜡烛线又强化了市场的看涨氛围。所以，第四日依然是高开的局面，不太美妙的是，当天的最低价一度低于第三根白色蜡烛线的价格范围的中间位置。因此，尽管第四根白色蜡烛线的收盘价高于第三根白色蜡烛线的收盘价，这种情况还是应该引起多头们的注意。如果当前的收益已经很客观，那么次日市场一开盘，多头们就应该考虑是否获利了结。

需要注意的是，在定义梯形顶部形态时，对第四根白色蜡烛线的价格变化范围以及实体长度没有过度要求，但是一定要带有下影线，且下影线的长度必须超过第四根白色蜡烛线的价格变化范围的40%。所以，这四天中会有一天或几天的蜡烛线实体比较短，并带有长上影线或下影线。如果第四根白色蜡烛线的实体非常短，它也可以带有上影线。而对前四根白色蜡烛线的基本要求，就是它们的开盘价和收盘价必须依次上升。对于第五根黑色蜡烛线来说，它的开盘价低于第四根白色蜡烛线的开盘价，由此形成一个向下跳空缺口，但是它的收盘价没有第四根白色蜡烛线的最低价高。同样，梯形顶部形态对第五根黑色蜡烛线的价格变化范围或实体长度也没有太多要求。

从图形上看，梯形顶部形态与看跌捉腰带线形态非常类似，两种形态都出现在上涨趋势中，都是以白色蜡烛线出现的，最后却出现一根黑色蜡烛线。但是，看跌捉腰带线的强度主要来自第五根黑色蜡烛线的实体长度以及是不是以最高价开盘。而梯形顶部形态主要强调不断上涨的力量逐渐减弱而导致第五天的向下跳空低开，最终导致黑色蜡烛线的形成。

梯形底部形态

梯形底部形态出现在下跌趋势中，连续四根黑色蜡烛线的出现又让市场价格不断创出新低。首先出现的三根蜡烛线看起来非常类似三只乌鸦。但三只乌鸦是在上升趋势中出现的，而且它是一个熊市的反转形态。而梯形底部形态第四天出现的是一根带有长长上影线的黑色蜡烛线，这说明投资者对未来市场的趋势分析出现分歧，所以在第五天的时候，形成一根向上跳空的白色蜡烛线，并且一路高歌，一举进入第一天的价格区间内。此时，如果当天的市场交易量能配合提高，该形态所反映出来的反转信号即可以成立。

如下图所示：

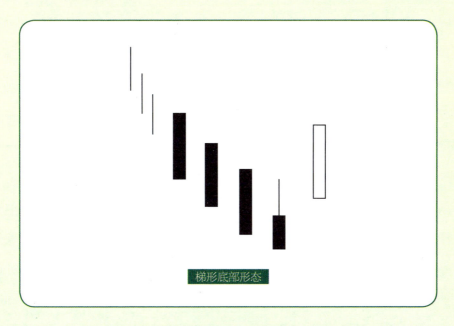

梯形底部形态

在梯形底部形态出现之前，市场已经在下跌趋势中徘徊了一段时期，此时的市场主导力量被空方占据。然而，虽然市场价格依然保持不断下跌的姿态，但在某一天，市场价格却出现一段时期以来的第一次反弹，并且甚至反弹至头一天的最高价。这种突如其来的变化，自然引起了部分做空投资者的兴趣。他们通过以往的经验和技术分析，认为市场价格基本不会再继续下跌。因此，他们会考虑手中持有的做空头寸是不是还要继续，如果有利可图，在第五天的时候，他们随时有可能平掉这些持有的头寸。市场投资者们的这种心理反应导致第五天的市场以高盘价出场，如果当天的市场交易量非常活跃的话，趋势的反转意味就更为强烈。

另外需要特别注意的是，第四天出现的蜡烛线实体不一定很长，但市场价格一定是新低。最后一根必须是白色蜡烛线，不管实体部分有多长，收盘价一定是当天的最高价。

从图形上看，梯形底部形态最开始的时候，与藏婴吞没形态非常相似。首先出现的都是黑色的秃蜡烛线，但藏婴吞没形态的确认有非常严格的定义，它的第四根蜡烛线必须完全吞没第三根蜡烛线。而梯形底部形态真正开始显露反转信号的时刻，却是从市场第五天的高开高走开始的。

反击线

　　反击线是由两根颜色相反的具有相同收盘价的蜡烛线形成的，并且两根蜡烛线的实体都比较长。但是，在通常情况下，第二根蜡烛线的实体不如第一根蜡烛线的实体长，当然，这并不影响该形态的意义。如果两根蜡烛线都是收市秃蜡烛线，那么该形态的意义就更为完美。在有些关于蜡烛图的著作中，该形态又被称为约会线形态。

　　在反击线形态中，首先的必备条件就是两根蜡烛线都要具备实体部分，第一根蜡烛线的颜色延续着市场先前的趋势，白色代表上涨，黑色代表下跌。根据反击线出现的不同趋势，又把该形态分为看涨反击线和看跌反击线。而无论是看涨反击线形态，还是看跌反击线形态，它的第二根蜡烛线的收盘价都没有推进到第一根蜡烛线的实体内部，仅仅是回升到第一根蜡烛线的收盘价位置。

　　从反击线的技术意义就可以看出，反击线形态的反转信号并没有抱线形态、乌云盖顶形态强烈。它的出现，只是意味着市场出现看法不一致的犹豫现象，当前趋势发展并不是很明朗，既有可能发生反转，也有可能形成调整阶段。所以，该形态形成后，应该结合次日市场的开盘价和收盘价以及其他的技术指标来考虑，继而对市场走势进行综合判断。

　　在看涨反击线中，需要考虑第二根蜡烛线的开盘价是否剧烈地下跌至较低的水平。而在看跌反击线中，需要考虑第二根蜡烛线的开盘价又是否强势上涨到较高的水平。它的核心就在于，市场原本已经顺着既有的趋势前进了一段时间，竟然又在收盘时回到前一天收盘的水平。

> 看涨反击线

看涨反击线形态一般出现在一段下跌行情中。它首先出现的是一根长长的黑色蜡烛线，而随后出现第二根蜡烛线，市场从一开盘就以迅猛的速度向下跳空。此时，卖方占据主导。然而，好景不长，买方的强力反攻，使市场价格又重新回到前一天收盘价的水平。于是，先前的下降趋势被制止。

如下图所示：

看涨反击线形态

> 看跌反击线

看跌反击线属于顶部反转形态。第一根白色的蜡烛线显示当前的市场正由买方占据主导地位。但是，随后出现的第二根黑色蜡烛线以较高的价格跳空开盘，说明卖方开始着力反击，迫使价格又回落到前一天收盘价的位置。它的出现，预示着之前上涨的行情受到阻击。

如下图所示：

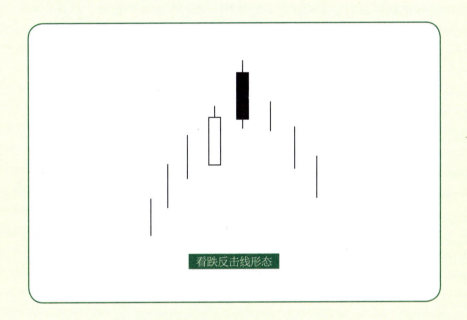

● **看涨反击线形态&看涨刺透形态**

从形态上看，看涨反击线形态与看涨刺透形态有些类似。两者的区别在于，前者并不把价格向上推进到前一天的白色实体内部，而是仅仅回升至前一天的收盘价的位置就收手了。而后者的第二根蜡烛线向上深深地穿入前一个黑色实体内部。

由此可见，看涨反击线的趋势反转能力不如看涨刺透形态。尽管如此，看涨反击线仍然不容忽视。因为它的出现，表明买卖双方正在进行着防守和进攻的角色互换，而这些变化通常是判定市场趋势的重要方法之一。

● **看跌反击线形态&乌云盖顶形态**

从形态上已经可以看到，看跌反击线形态类似乌云盖顶形态，都是第二根蜡烛线的开盘价高于第一根蜡烛线的最高点。唯一不同的是，那根黑色的反击线并没有穿入前一个白色实体的内部，只是回落到前一天蜡烛线的收盘价位置。

很显然，看跌反击线形态所发出的反转信号不如乌云盖顶形态。但无论何时，只要市场出现供不应求的趋势，看跌反击线依然可以改写市场的格局。

从上面四种蜡烛图形态的技术分析中，我们可以看出，市场价格虽然由强烈的主导意识沿着某个方向前进，但一旦这种主导意识突然发生逆转，在供给和需求力量相互切换的驱使下，价格都会不可逆转地朝着相反的方向奔去。

三山形态与三川形态

> 三山顶部形态

同西方技术分析中的三重顶部形态类似的是，蜡烛图中的三山形态也有一根蜡烛线代表市场价格趋势的顶部。在该形态中，如果市场先后三次均从同一个高价位上回落，又或者市场对某一个高价位向上进行了三次尝试，但统统以失败告终，那么，就形成了一个三山顶部形态。在三山顶部形态的最后一座山的最高点，还应该出现某种看跌的蜡烛图指标，它可能是一根十字线，也可能是一个乌云盖顶形态等，以便对三山顶部形态做出确认。

如下图所示：

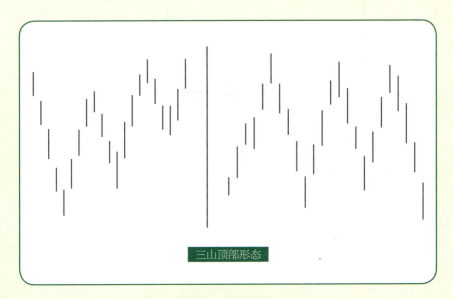

三山顶部形态

三尊顶部形态

在三山顶部形态中,如果中间的山峰高于两侧的山峰,则构成了一种特殊的三山形态,被称为三尊顶部形态。

三尊顶部形态与西方的头肩顶部形态是相同的。之所以会如此命名,是因为遵循了象形原理。在佛教中,一般大殿里供奉的佛像都有三尊,而其中最大也最雄伟的佛像正好位于中间位置,三尊顶部形态就是符合了这一现象而表达了当前市场的发展趋势。

如下图所示:

三尊顶部形态

三川底部形态

三川底部形态和三山顶部形态正好相反,是同西方传统技术分析中的三重底部形态和头肩底部形态类似的一种形态。它由三个位于市场底部的看涨蜡烛线形态(包括所有的由三根蜡烛线组成的看涨形态,如启明星形态、前进白色三兵形态等)组成,它预示着市场将会出现上升趋势。同时,在三川底部形态中,为了帮助投资者提供更有效的买入信号,市场必须以一根白色蜡烛线的形式,收盘于本形态的最高点之上。

如下图所示:

三川底部形态

> 倒三尊形态

无论是从形态上还是从命名上,我们都可以很明显地看出,倒三尊形态是三尊顶部形态的翻转形态。就像三尊顶部形态与西方的头肩顶部形态是相同的一样,倒三尊形态也西方的头肩底部形态对等。它也是三川底部形态的一种变体。

如下图所示:

倒三尊形态

由此可以看出,在蜡烛图技术中,三山顶部形态、三川底部形态、三尊顶部形态、倒三尊形态,以及接下来的章节将会讲到的圆形顶部形态、圆形底部形态、塔形顶部形态和塔形底部形态,都属于较长期的顶部反转形态和底部反转形态。

塔形形态

> 塔形顶部形态

在一段上涨趋势中，首先出现了一根长长的白色蜡烛线（也可以是一组长长的白色蜡烛线），然后，市场上升的行情渐渐缓慢，蜡烛线的高点开始逐步下降，直至市场以一根或一组长长的黑色蜡烛线收尾。至此，市场形成一个塔形顶部形态。

如下图所示：

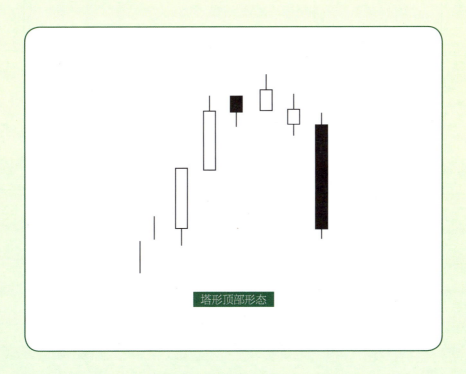

塔形顶部形态

> 塔形底部形态

同塔形顶部形态相反，塔形底部形态出现在一段下跌趋势中。市场在一根或一组黑色蜡烛线开盘后，暂时进入平静期，此时，熊方的内心一片欢呼。然而，随后出现的一根或一组白色蜡烛线打破了先前由熊方主导的市场趋势，从而令市场形成以长长的蜡烛线一路直下，而后又以长长的蜡烛线一路飙升的形态，这种形态就称为塔形底部形态。

如下图所示：

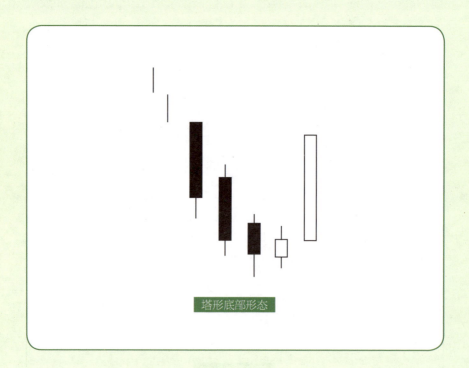

塔形底部形态

圆形形态

▶圆形顶部形态

在圆形顶部形态形成的过程中，市场逐渐出现一系列小实体（可以是白色实体，也可以是黑色实体），这些蜡烛线组合成一个向上凸起的圆弧形形态，然后，又出现一根具有向下跳空缺口的黑色蜡烛线，以确认市场顶部的出现。如果在跳空缺口出现的是一根看跌捉腰带线，那么该形态对市场未来将出现的下跌趋势就预测得更准确。

如下图所示：

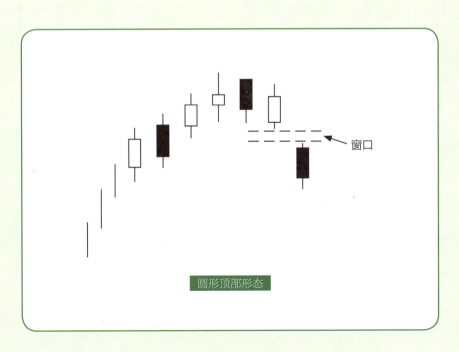

圆形顶部形态

圆形底部形态

圆形底部形态和塔形底部形态比较类似，不同之处在于，该形态在市场底部出现了一系列小小的白色蜡烛线和黑色蜡烛线。从图形上看，市场的底部呈现出圆弧形，蜡烛线的颜色并不重要。在出现了一系列具有市场底部意味的蜡烛线之后，形态中会出现一根向上跳空的白色蜡烛线。这根白色蜡烛线具有很强的反转意味，它的出现标志着调整期的结束和新一轮上升的开始。

如下图所示：

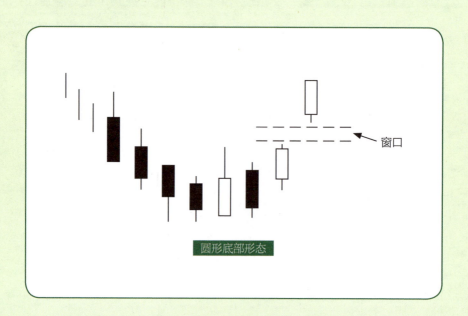

第四章
神奇的十字线

古老的谚语中,有句"千万不可缘木求鱼",意思是说,方向或办法不对头,不可能达到目的。十字线作为蜡烛图技术的特别存在,通常被视为先前趋势正在丧失其内在能量的早期预警,从其形态中即可看到其自身具有的强烈反转意味,以谨慎应对方为上策。

具有非凡重要性的十字线

关于十字线形态，前面的章节已讲过十字星形态以及十字孕线形态，通过前面的讲解，相信大家对十字线已不完全陌生。因为十字线是一种极其重要的反转信号，所以这里专门列出一个章节对其进行分析。

在蜡烛图技术中，十字线一直扮演着十分重要的角色。顾名思义，十字线形态看起来就像一个十字架。十字线是某个交易时段之内开盘价和收盘价都相同时形成的。

在一段上升行情中，特别是在一个前期的阻挡线范围内，十字线的出现是预示市场即将发生一种重要的趋势变化的反转信号。特别是当市场经历一个临近成熟的上涨趋势时出现的十字蜡烛线，可能是单根出现也可能是两根或三根组合蜡烛线出现，都是预警市场的反转随时可能出现在大家面前。所以，日本技术分析师通常都把在十字线之后出现的蜡烛线，视作对趋势转变提供的有效确认。

和锤子线非常类似的是，十字线从它特殊的形态中暗示我们，市场的供给与需求几乎完全平衡。然而，又因为该形态的出现，预示着当前的市场正处于一个彷徨不定的十字路口，所以它通常被看作是原有的趋势正在失去其主导地位的早期预警信号。

通过上述介绍，大家已经了解到，十字线形态是因其开盘价和收盘价相同形成的，如果开盘价和收盘价之间只有一点点微小的差距，还是可以把这根蜡烛线看成十字线的。

在实际的市场操作中，我们要灵活地掌握这一规则。如果在这根近似十字线的周围，还有其他一系列的蜡烛小实体，那这根十字蜡烛线就没有很大的意义，因为我们更加需要关注的是它附近的这些代表不同含义的蜡烛小实体。当然，这并不是说，十字线没有想象中的重要。如果当前市场正处于一个非常重要的转折点，或者是市场正处于牛市或熊市的末期阶段，或者是当前已经有其他技术信号发出了警告，那么，此时出现的近似十字线就理应看作是一根十字线。这种做法的理论依据是，任何时候出现的十字线形态都可能构成重要的警告信号，所以我们应该抱着"宁可错杀一千，绝不放过一个"的态度来看待出现的每一个十字线形态。因为遇见一个虚假的警告信号，总比错过一个真正的危险信号强得多。同时，由于十字线蕴含着多方面的技术意义，忽略任何一根十字线，都可能招致危险。

曾经有这样一句俗语："股票市场最讨厌的事情是不确定性。"十字线正好阐述了这句俗语的定义。简而言之，我们必须意识到，十字线的出现是一种严重的警告，它意味着由牛方建立的主导地位很快就会土崩瓦解。

当然，十字线的可贵之处还在于，当它身处市场的顶部（尤其是在一条长长的白色蜡烛线之后）时，所预示的反转信号。所以，当它出现在下跌之后对市场底部进行判别时，它或许也会丧失信号的预警能力。但是，这并不影响它在大多数情况下的大胆预测。

出现在市场顶峰的十字线

十字线的价值之所以如此重要,就是因为它在揭示市场顶部方面有过人之处。

在一个上升趋势中,如果一根长长的白色蜡烛线之后,跟着出现一根十字线,这种情况就需要引起注意。因为它出现警告,市场开始显得犹豫不决,市场极有可能出现看跌变化。也就是说,在上升趋势中,如果买方看不清市场方向而犹豫不决,不能当机立断做出决策的话,当前的上涨趋势是无法维持的;只有在买方立场坚定的情况下,上涨趋势才能得到有效的支撑。

反之,如果在一段下跌行情之后出现的十字线,往往会丧失其反转作用。因此此时的市场,买卖双方的力量可能处于相对平衡的状态。当市场收盘价高于十字线的最高价时,则显示买方完全有可能已经重新获得向上进攻的立足点。

因此,尽管十字线出现在一个向上进攻的市场中,极有可能传达出市场正在陷入筋疲力尽的信号。然而,当十字线出现在一个下降的趋势之中,可能并不一定暗示着市场底部已经到来。所以,我们必须参考其他西方技术分析工具,以及基本面方面相对可以肯定的大环境因素,来评估市场是否已经开始构筑其底部。

需要再次强调的是,任何时候都不要忘记,十字线意味着市场的不确定性。在一个陷入超卖的市场中,这种不确定性完全有可能成为新一轮暴跌之前的暂时休憩地。

从上面的分析可以看出，十字线作为顶部反转信号与作为底部反转信号比起来，前者需要的验证信号较少。如果在十字线之后还有其他验证信号，就提高了预测趋势反转的成功机会。

当然，市场参与者们的思想越是保守，那就越需要耐心地等待更多的趋势反转信号。而具体需要等待的时限，则要从风险与报偿之间的关系来权衡。如果市场参与者们倾向于保守的交易原则，宁愿等待更多的反转信号出现，那可能承担的风险确实会大大减少。但是，从另一方面来讲，等到趋势反转的信号得以明确确认的时候，获利的空间也已经缩小，市场参与者们所能获得的报偿也会相应缩减。

根据一根蜡烛线上的开盘价和收盘价的位置的不同，一些十字线被赋予生动有趣的名称。这些十字线依然属于趋势反转信号，但它们暗示的看涨趋势与看跌趋势的程度要更强烈一些。这些特殊的十字线包括蜻蜓十字线、墓碑十字线、长腿十字线。

蜻蜓十字线

当开盘价和收盘价位于或者接近于蜡烛线的顶部位置时，就构成了蜻蜓十字线。蜻蜓十字线反映着积极向上的看涨趋势。它长长的下影线表明，虽然市场在盘中一度下跌得很猛烈，但牛方更强劲的力量使得价格又重新回到了收盘价，此时的收盘价位于（或许非常接近于）该蜡烛线的最高价位置。当然，如果你可以把这根蜡烛线想象成一根没有实体的锤子线，也未尝不可。

需要提醒大家注意的是，当蜻蜓十字线出现在大量抛售陷入超卖的一段下跌之后，一定要特别留意。通常，十字线出现在这样的时期并不重要，但是如果是蜻蜓十字线出现在这里，就应该另当别论。

如下图所示：

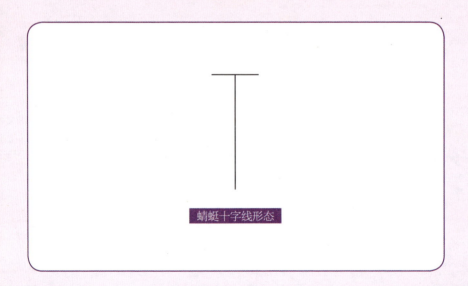

蜻蜓十字线形态

长腿十字线

长腿十字线具有很长的上下影线，它通常出现在市场的顶部，在交易日内，由最高价和最低价决定的价格变化幅度比较大，但是最后收盘价又重新回到开盘价的位置，充分反映出当前市场的买卖双方的激战程度，可谓是不相上下。如果开盘价和收盘价位于价格变化幅度的中心，我们就把这样的十字线称为长腿十字线，在有些蜡烛图技术分析著作中，也把长腿十字线称为黄包车夫线。

需要注意的是，如果长腿十字线的上下影线差别较大的话，就演变成风高浪大线，风高浪大线虽然没有长腿十字线重要，但如果连续出现几根这样的风高浪大线，也一样要特别关注。

如下图所示：

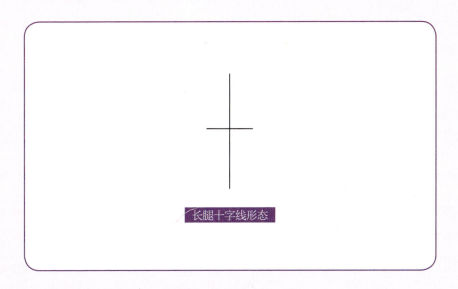

长腿十字线形态

墓碑十字线

墓碑十字线是与蜻蜓十字线相反的十字线形态，它的开盘价、收盘价和最低价都落在蜡烛线的最底部位置。

墓碑十字线的厉害之处在于，它是一个重要的顶部反转信号。我们可以想象一下，在一个上涨趋势的行情下，市场逐渐陷入超买状态，更多的白色实体在市场上出现。然而，就在这个时候，如果仔细观察市场的走向，就很容易发现前期新高已经构成了一个阻挡线，墓碑十字线随之出现。

如下图所示：

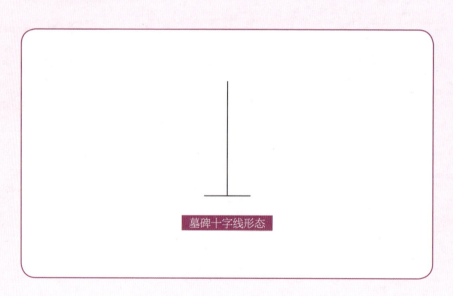

墓碑十字线形态

当然，如果形成于墓碑十字线之后的蜡烛线向上进攻并收盘于墓碑十字线之上，形成一根长长的白色蜡烛线，或者成为其他类型的看涨蜡烛线，那墓碑十字线所反映的潜在市场反转意味就要大打折扣。这是因为，在这根墓碑十字线上，市场的开盘价即当日的最低价。从长长的上影线就可以看出，市场在开盘之后，牛方一度将价格拉升到很高的位置，但随后却有心无力，价格又下跌至整个蜡烛线的最低价附近。这表明，市场前进的方向已经由卖方控制。如果下一根蜡烛线继续下跌至墓碑十字线之下，就完全证明了之前的反转信号。

因为，在墓碑形态中，该形态的上影线越长，那就说明市场的价格范围就越大，那么，它的技术含义就越弱。

如果仔细观察的话，我们会发现，墓碑十字线形态与流星形态颇为相像。出现在市场顶部的墓碑十字线，实际上是流星形态的一种特殊情况。流星线形态一般都具有较小的实体，而墓碑十字线形态则直接作为一根十字线甚至根本没有实体出现。所以，在信号反转的意义上，墓碑十字线形态没有流星形态有力量。然而，这并不影响它作为蜡烛线形态出现在蜡烛图技术中。

十字线的三星形态

三星形态在实际的蜡烛图组合中,属于非常罕见的形态。所以,它一旦出现的话,我们就应该对它高度重视起来。它是由三根十字星线组成的,其中第二根十字星线同第一根和第三根十字星线形成两个相反的跳空缺口。如果第二根十字星线产生的跳空缺口还包括影线在内,那么它所代表的反转意味就更强烈。

根据三星形态出现的不同趋势,一般又分为十字三星顶部形态和十字三星底部形态。

如下图所示:

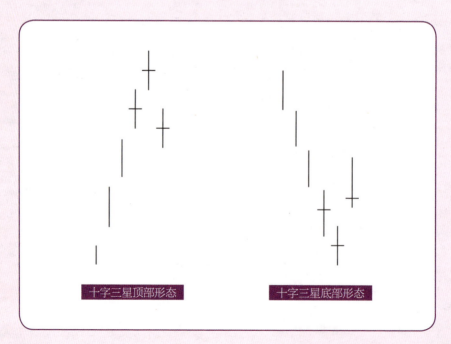

在十字线的三星形态形成之前，市场可能已经持续了很长一段时间的上涨或下跌趋势。然而，原有的既定趋势逐渐开始显出疲惫之态，蜡烛线的实体开始逐渐变短。首先出现的第一根十字星线已经引发市场的广泛关注，但是紧跟着出现的第二根十字星线依然没有确定未来的发展方向，直至第三根十字星线的出现，市场才终于明确接下来将由谁来主导这一切。此时，市场参与者们先前的疑虑不安才一扫而光。这个形态的出现，反映了市场的投资者在这三天之中一直犹豫不决的态度，最后终于达到认同，市场趋势出现反转。

　　需要特别注意的是，在实际的市场交易中，十字三星形态出现的概率非常小，所以一旦出现，我们就要对该形态保持高度的警觉性。尤其是当第二根十字星线所产生的跳空缺口还包括影线在内，那它所代表的反转意味就更加强烈。

第五章
蜡烛图与部分技术方法的共同使用

所谓"一箭易折,十箭难断",意思是说:团结就是力量。本章就是通过讲解蜡烛图组合形态与其他技术分析方法的综合运用,来帮助投资者切实掌握"钓鱼"技术,能够顺利地对某种趋势进行确认,从而提前锁定盈利及时离场或是避免潜在的风险。

蜡烛图与趋势线

> 支撑线和阻挡线

● 支撑线

在蜡烛图中，如果在同一区间多次出现最低价位，那么连续两个相同的最低价位延迟即形成支撑线。在某一个价位区间内，它形象地描述了市场供不应求的状态。同时，因为前一时期反复出现这一价位区间，市场已经累积了很大的交易量，所以当行情由上而下向支撑线靠拢的时候，犹豫不决的投资者早已被套牢，而筹码锁定不轻易斩仓。因此，在这一价位区间供不应求，自然形成了强有力的支撑基础。另外，由于行情多次在此回头，也确立了广大投资者的新浪支撑价位区间，只要没有特大利空消息出台，市场行情必将获得支撑形成反弹。

当市场行情在成交密集区获得暂时性的支撑后，后续可能会出现两种现象，一是反弹上升，二是由多转空，支撑线被击破，行情继续下跌。当然，支撑线并不仅仅产生于成交密集区。当市场行情下跌至原有上升价格的一半时，它就会稍作休整，此时，由于广大投资者的心理松懈所致，也会产生支撑线。另外，在通常情况下，阶段性的最低价位也是投资者的心理支撑线。

在利用支撑线对市场进行技术分析时需要注意以下几点：

（1）在上升趋势中，如果蜡烛图中的黑色蜡烛线与之前出现的白色蜡烛线相比显得有些弱,尤其是接近支撑价位时,交易量也有所萎缩,随后白色蜡烛线又很快吞没了黑色蜡烛线,市场价格再次上涨,那么这就是有效的支撑。

(2)经过一段时间的整理,如果在支撑线附近稍作休整,随后出现的是一根长长的白色蜡烛线,那此时的支撑线自然有效。

(3)当市场的价格自上而下跌破支撑线的时候,意味着市场行情将从上涨趋势转变为下跌趋势。也就是说,在上涨趋势中,如果市场行情跌破下跌趋势的支撑线,就说明当前的上涨趋势已经结束,市场价格将会跟随原有的下跌趋势继续下去。

(4)如果市场价格从上而下跌破支撑线,一旦市场再出现很大的交易量,那就说明下跌趋势已经形成。如果市场价格稍有反弹,就应立即抛售,以免遭受更大的损失。

(5)如果市场价格从上而下触及支撑线,但是并未跌破,市场的交易量也不足够多,则说明市场价格根本没有反弹的可能,也应该趁早清仓离场。

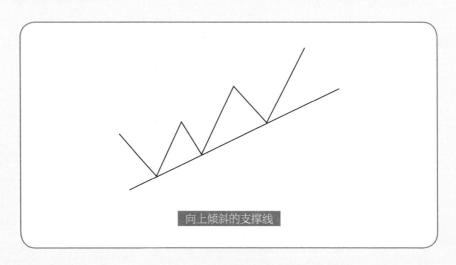

向上倾斜的支撑线

这是一条向上倾斜的支撑线。在实际的市场交易中，至少需要两个向上反弹的低点才能连接成这样一条直线。这根支撑线意味着，在这段时期内，买方比卖方更积极主动，因为在逐渐上升的新低点处，还能引起新的需求。这根向上倾斜的支撑线标志着市场正处于上涨趋势中。

● 阻挡线

在蜡烛图中，如果在同一区间多次出现最高价位，那么连续两个相同的最高价位延迟即形成阻挡线。在某一个价位区间内，它形象地描述了市场供大于求的状态。同时，因为前一时期反复出现这一价位区间，市场已经累积了很大的交易量，所以当行情由下而上向阻挡线靠拢的时候，对市场丧失信心的投资者急于解套平仓或是获利了结，所以市场会涌现大量空盘。而对市场依然坚定信心的投资者，又顾及价位太高，希望价位回落时再跟进，所以暂时按兵不动，又或者一些中长线投资者，只有逢低的时候才吸盘补仓。因此，在这一价位区间供大于求，市场反复多次出现这一情形，自然而然形成阻挡线，而且这种状态持续时间越长，阻挡线越是难以突破。所以，当市场行情由下而上不断回升接近阻挡线时，如果能有更多的利多信息发生，并且市场的交易价位也已突破阻挡线，再配合较大的交易量，那么该阻挡线就形成了后市的支撑线。

同时，因为支撑线和阻挡线都形成于交易密集区，所以同一个交易密集区，既是行情由下而上上涨时的阻挡区，又是行情由上而下回落时的支撑区。无论是上涨趋势还是下跌趋势，一旦交易密集区被突破，支撑线与阻挡线的相互转换就会成为意料之中的事。

在利用支撑线对市场进行技术分析时需要注意以下几点：

（1）在下跌趋势中，如果蜡烛图中的白色蜡烛线与之前出现的黑色蜡烛线相比显得有些弱，尤其是接近阻挡价位时，交易量也不大，随后的黑色蜡烛线又很快吃掉了白色蜡烛线，市场价格再次下跌，那么这就是强烈的阻挡。

（2）经过一段时间的整理，如果在阻挡线附近稍作休整，随后出现的是一根长长的黑色蜡烛线，那此时的阻挡线依然有效。

（3）经过一段时间的整理，如果在阻挡线附近出现一根坚挺的白色蜡烛线向上跳空突破，市场交易量也有所增大，那么市场价格将会继续上涨。

（4）如果市场在下跌趋势中出现强力反弹，白色蜡烛线不断出现，多头力量非常强势，那么即使在阻挡线附近稍作停息，市场价格也会突破阻挡线，结束当前的下跌趋势。

（5）如果市场价格从下而上突破阻挡线，并且市场交易量也有所提升的话，那么就说明市场行情即将出现反弹，由下跌转向上涨。

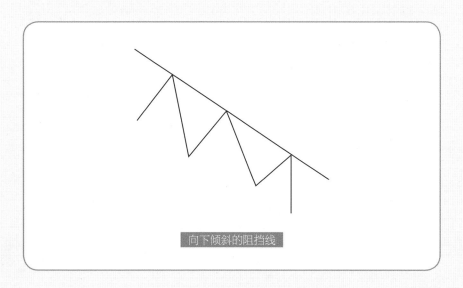

向下倾斜的阻挡线

这是一根向下倾斜的阻挡线。在实际的市场交易中，至少需要两个向下反弹的高点才能连接出这样一条直线。这条阻挡线意味着，在这段时间内，卖方比买方更为大胆主动，因为在逐渐降低的新高点处，依然能释放出卖方的卖出意愿。这根向下倾斜的阻挡线反映出市场正处于下降趋势中。

> **破低反涨形态与破高反跌形态**

曾经有技术分析专家搜集了大量的市场交易资料，通过研究发现，竟然有70%的时间，市场是处于非趋势状态的。一般情况下，市场就是这种相对和谐的状态，无论是买方还是卖方，谁都不能长期稳定地霸占市场主位，只好平分秋色，暗中较劲。这样一来，哪种技术分析方法能够帮助投资者提供有效的入市价位，自然就能成为行业内的翘楚。因为任何投资者，需要的都是有实用价值的技术工具。所以，针对这种情况，破高反跌形态和破低反涨形态出现了。如果把这两个概念运用到蜡烛图技术里，那真是画龙点睛之笔。最早提出这两种概念的，是美国著名的投资学者理查德·威科夫，他根据自身投资经历，研究出了这么一种非常适合市场操作的理论，并在20世纪早期进行了大量的推广。事实证明，他的这种理论是行之有效的。如果投资者们能深刻领悟到破高反跌形态和破低反涨形态的核心所在，绝对能令自己受益匪浅。

正如前面讲到的那样，当市场处于相对和谐状态的时候，市场交易活动集中在一个平稳的价格区间内。然而，这不意味着买卖双方的相安无事。因为，即使再怎么平静的价格区间，买方或卖方总有不甘心、想要冲击前一个高点或低点的时刻。所以，在这种情况下，市场的交易机会自然而然地出现。也就是说，如果市场向上暂时突破了某一阻挡水平，或者向下暂时突破了某一支撑水平，但又没有足够的力量维持自己好不容易得来的战果，此时的市场很可能发生下面的价格变化，即市场将从水平整理区间的这个边界回到与之相对的那个边界。

● 破高反跌形态

在破高反跌形态中，市场一度向上突破了一个阻挡水平，但却无力维持这一局面，所以价格又重新跌回过去的高点之下，形成了一个伪突破。在这样的情况下，我们当然应该卖出做空，并且将保护性止报指令的水平安排在当前的高水平之上。而我们的价格目标是，市场再度向下试探这个水平整理区间的下边界。这类虚假的向上突破，就构成了所谓的破高反跌形态。

如果在破高反跌形态的形成过程中，同时又形成了某种看跌的蜡烛图指标，那绝对是卖出做空的绝佳机会。

如下图所示：

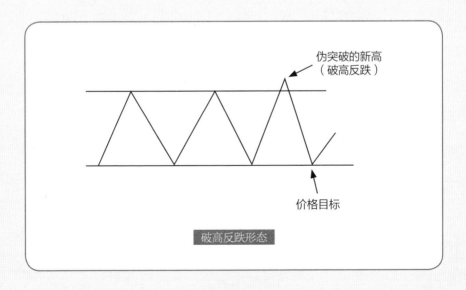

● 破低反涨形态

在破低反涨形态中，市场价格曾经向下突破了原来的低点水平。但是，随后价格又被反弹回来，返回到曾被突破的支撑区的上方。也就是说，此时的新低水平不足以维持当前的局面。在这种情况下，一旦价格向上回升至原来的低点水平之上，就应该做买进处理。我们的价格目标是，市场将重新向上试探当前水平整理区间的上边界。止损指令的水平可以防止在破低反涨形态当日的最低点附近。

如下图所示：

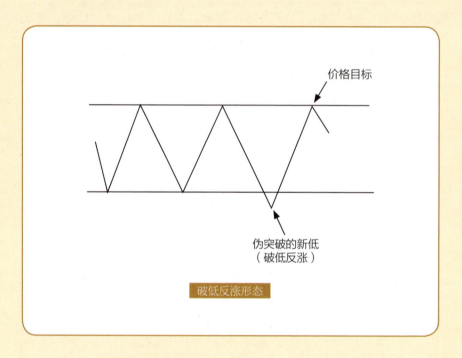

极性转换原则

在日本，有句谚语说"大红的真漆盘子无须另加装饰"，也就是说，简单即美。这对市场技术分析理论的真正含义来说，真是一语道破了市场技术分析理论的真谛。

在蜡烛图分析的实践中，就需要全面贯彻这种极性转换原则。所谓的极性转换原则，就是指：过去的支撑水平转化为新的阻挡水平和过去的阻挡水平转化为新的支撑水平。这一原则既简单明了，又行之有效，学习并理解这种原则对投资者们是大有帮助的。

当然，这种极性转换现象的技术潜力的大小与以下两个方面是成正比的：

（1）市场对过去的支撑或阻挡水平，曾经进行试探的次数；

（2）每次试探时的交易量以及持仓量的多少。

技术分析工具之所以成立的基本原理就在于，技术分析估量了市场交易圈和投资者们的大众情绪，继而对市场参与者的行为进行了研究，从而得出一种行之有效的技术分析工具。由此可见，一种技术分析工具能不能有效地估量市场的群体行为，是衡量它是否能发挥作用的有效手段之一。

关于极性转换原则，在很多的技术分析书籍中，都是作为基本理论来讲述的，并没有做过多的阐述，说明在实际的市场行为中，它的适用性还有待考查。此处，我们也不再多做介绍，仅做两个转换方向的图例展示。

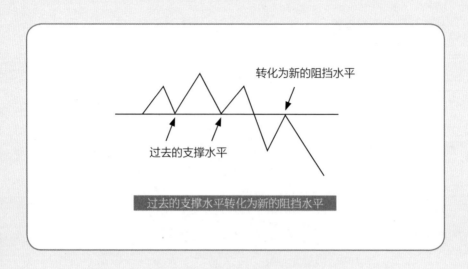

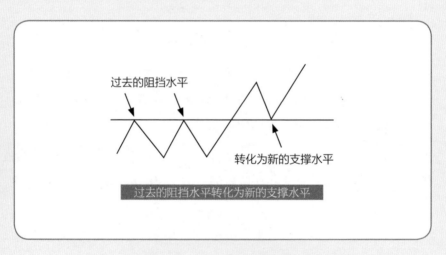

蜡烛图与移动平均线

▶移动平均线的定义

移动平均线是由美国著名的投资专家格兰威尔于20世纪中期提出的一种技术分析工具。它是将某一段时间的收盘价之和除以该周期，继而得出一个平均数值，所以一般称之为移动平均线，简称均线。

移动平均线作为最高采用的技术分析工具之一，至今仍有很高的流行性。它的有效之处就在于，它构成了一套追踪趋势的机制，从而使技术分析者有能力捕获市场的主要变化。当然，移动平均线也有其自身的局限性，作为一种略显滞后的技术指标，一般只有在趋势形成之后，它才能捕捉到市场的变化。但是，这并不妨碍它在市场操作中的实际功效。所以，当市场处在趋势明显的状态时，移动平均线最能发挥自身作用。

移动平均线能够反映出价格趋势走向，所以投资者可以将蜡烛图和平均线放在同一张图里，既简单明了，又便于做市场分析，从而便于做出有效的投资。

移动平均线的常用线有5天、10天、30天、60天、120天和240天的指标。其中，5天和10天的短期移动平均线，是短线操作的参照指标，通常被称作日均线指标；30天和60天的是中期均线指标，被称作季均线指标；而120天和240天的是长期均线指标，被称作年均线指标。

在实际的市场操作中，所有的移动平均线的种类基本上就是上述几种。特别提醒投资者需要注意的是，如果取样太小，则线路不规则；反之，如果取样太大，则线路又过于平滑，无明显的转点。

> **移动平均线的用法**

移动平均线作为一种能够为我们提供客观交易策略的技术方法，有一些常见的用法。

1. 通过比较价格与移动平均线的相对位置，构成一个趋势指标。例如，如果当前的市场正处于中期的上升趋势中，那只要看价格是不是居于65天移动平均线的上方。而对于长期的上升趋势来说，则需要看价格是不是高于280天移动平均线。

2. 利用移动平均线构成支撑水平或阻挡水平。当市场的收盘价向上超越某一条特定的移动平均线时，可能已构成看涨的信号；反之，则可能已构成看跌的信号。

3. 跟踪移动平均线波幅带。这些波幅带是将移动平均线向上或向下平移一定的百分比后形成的，它们也起到支撑或阻挡作用。

4. 观察移动平均线的斜率。例如，如果移动平均线在一段持续稳定的上升之后转向水平发展，乃至开始下降，那就有可能构成一个看跌信号。在移动平均线上做趋势线，是监测其斜率变化的一个简单易行的办法。

5. 利用双移动平均线系统来交易。它们的时间参数并不是按照最优化的要求选择的。今天最优的移动平均线，明天未必还是最优的移动平均线。这里既选用了一些人们广泛使用的移动平均线，也选用了一些不那么流行的移动平均线。

双移动平均线

两根移动平均线组合在一起的用法有很多种，将它们构造成一个超买或超卖指标是其中之一，也就是摆动指数。把较短期的移动平均线减去较长期的移动平均线，就能够得到这个摆动指数的值。该指数既可以是正值，也可以是负值。当它的数值大于0时，意味着较短期的移动平均线处在较长期的移动平均线的上方；当它的数值小于0时，则意味着较短期的移动平均线处在较长期移动平均线的下方。这类做法的实质，是将短期的市场力度同长期的市场力度进行比较。正如前面我们讲到的那样，因为短期移动平均线对最近的价格变化更加敏感，如果短期移动平均线相对来说较大幅度地高于（或低于）长期移动平均线，那么我们就认为市场处于超买状态（或超卖状态）。

双移动平均线的第二种用法，就是通过观察短期移动平均线与长期移动平均线的交叉，从而获得交易信号。如果短期的移动平均线向上或向下穿越了长期移动平均线，可能就是趋势转变的一个早期警告信号。例如，如果短期移动平均线向上穿越了长期移动平均线，这就是一个看涨信号。在日本，又把这样的移动平均线交叉信号称为黄金交叉。所以，如果3天移动平均线向上穿越了9天移动平均线，则构成了一个黄金交叉，与此相反的情形，在日本的术语中又称作死亡交叉。当短期移动平均线向下穿越长期移动平均线时，就构成了一个看跌的死亡交叉信号。

有些技术分析者监测当前的收市价与5天移动平均线之间的相互关系，以此构成一个短期的超买或超卖指标。

> **移动平均线的市场含义**

在实际的市场操作中,移动平均线最常用的方法就是比较证券价格移动平均线与证券自身价格的关系。如果证券价格上涨,高于其移动平均线,则产生买入信号;如果证券价格下跌,低于其移动平均线,则产生卖出信号。之所以能够产生此类信号,是因为人们普遍认为,移动平均线是支撑或阻挡价格的有效标准。价格应该从移动平均线处发生反弹。如果没有发生反弹就出现了突破,那就应该朝着该方向继续向前发展,直至找到能够持续的新水平面。

我们也可以把两条移动平均线同时绘制在相应的价格图表上。正如前面所说的,当较短期的移动平均线向上穿越了较长期的移动平均线时,就构成了一个看涨信号,日本分析师称之为黄金交叉。

我们还可以利用两条移动平均线之差作为寻找相互验证或相互背离信号的工具。当价格上涨时,短期移动平均线与长期移动平均线之间的距离也不断地扩大。这就意味着,表示两条移动平均线之差的曲线处于正值区内,并且其数值逐步增大。如果价格上涨,而短期移动平均线与长期移动平均线之间的差距却在缩小,那就表明,短期的市场力度正难以为继。这个迹象暗示上涨行情可能行将结束。

蜡烛图与百分比回撤

在一般情况下，市场既不会出现直线上升的行情，也不会出现直线下跌的行情，而是某段时间在不断震荡中往一个方向波动，最终形成市场的趋势。也就是说，在一个上升或者下降趋势中，市场经常会发生与趋势方向相反的价格变化。由于这种价格变化往往占之前趋势运动中波动幅度的某一百分比，于是便可以根据这种经常出现的比例，去判断与趋势反向运动时的支撑力或者阻挡力，这种趋势分析方法就是通常所说的百分比回撤。因此，在当前的趋势持续发展之前，市场通常先要对已经形成的上涨趋势或下跌趋势做出一定程度的调整。

通常情况下，这些调整会出现在可以预测的百分比回撤中。而最为常用的就是50%回撤水平，以及38%和62%的菲波纳奇回撤水平。这是因为，不管是信奉江恩理论者，还是信奉艾略特波理论者，或者是道氏理论的拥护者，统统应用了50%回撤水平。举例来说，假如市场正处于一个上涨趋势中，已经从50的价格水平上涨到100的价格水平，那么很多时候在接下来的调整中，价格经常会回撤到这段升势的一半处，也就是大约75的价格水平，然后市场又重新恢复原来的上升势头。

然而，50%回撤只是市场的一种倾向性，并不是一条严格的规则。在市场交易的实际操作中，投资者要学会灵活应用。除此之外，为投资者所熟悉的还有1/3回撤和2/3回撤，即价格趋势可以分成三等份，通常较小的回撤大约是38%，而较大的回撤可能会到达62%左右。在实际的市场强势调整中，通常至少回撤掉前一个运动的1/3。投资者可以把38%到50%或50%到62%的回撤区间作为买入机会的大框架。如果超过62%的回撤，市场很可能会出现趋势反转。例如，上证指数从6月份2245点高位下跌，到10月22日最低见1515点，1/3回撤的地方大约在1758点附近，也就是说本周大盘受阻的点位，也仅仅是到达了一个比较小的反弹目标位而已。

至于较大的百分比回撤62%，被不少市场人士看成是特别关键的一个回撤区域。他们认为，如果原有的市场趋势能够持续下去的话，那么调整（或反弹）就不应该跌破（或升穿）2/3回撤的价格。否则，在通常情况下，市场价格将重新返回到原先趋势的起点处，即发生百分比回撤，甚至有的时候可能跌破（或升穿）起点的支撑（或阻挡），因此2/3也被称作是最大百分比回撤。

百分比回撤的计算方法如下：

上升趋势回撤的计算方法：（最高点-最低点）×（1-回撤幅度）+最低点=实际数值

下降趋势回撤的计算方法：（最高点-最低点）×回撤幅度+最低点=实际数值

举例说明：如果某只股票的当前价格是50，上升到最高100，回撤38%、50%、62%，它的实际数值应该是：

（100-50）×（1-0.38）+50=81

也就是说，81价位是回撤38%时的支撑位。

同理，50%与62%也是如此计算它的实际数值的。

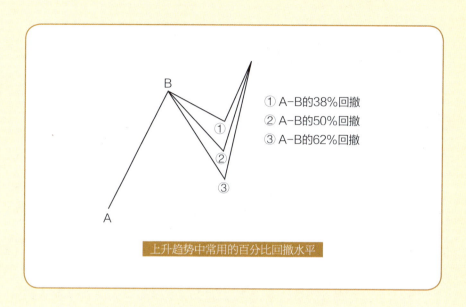

上升趋势中常用的百分比回撤水平

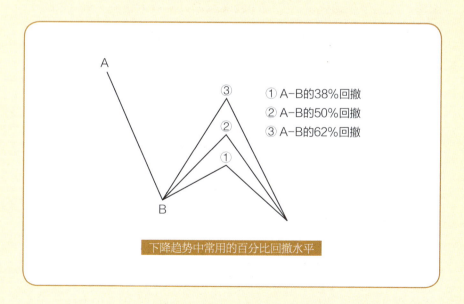

下降趋势中常用的百分比回撤水平

蜡烛图与摆动指数

> 摆动指数的定义

通常情况下，图表形态识别技术都带有一定的主观色彩，蜡烛图技术自然也不例外。但是，摆动指数作为一种经过数学运算得出的技术工具，利用它进行市场分析，能够得出更加客观的结论。所以，在实际的市场操作中，这类工具被广泛应用，它们也构成了很多电算化交易系统的基础。

所谓摆动指数（OSC），是指当日收市价与N日的平均收市价的比率。震荡量是动量指标的另一表现形式，一般用百分比值来加以计算。其实际意义是以当日收市价除以N日前收市价，再乘以100。其公式如下：

OSC=Ct÷（Ct-n）×100

其中，Ct为当日收市价，Ct-n为N日前收市价。

计算出的震荡量，如果数值在100以上，在绘制图形时，即以100为基准横轴。震荡量值在100以上，视为多头市场倾向，100以下则视为空头市场倾向，它的运用原则与移动平均线一样。

具体公式如下：

$$「N」日摆动率 = \frac{当日收市价}{「N」日平均收市价 \times 「N」日移动平均线（MA）}$$

当日收市价与「N」日平均收市价距离越大，则在上升趋势的获利回吐压力或下跌趋势中的反弹动力越大。因此，我们亦可视摆动指标为超卖或超买指标。而通常所使用的日数为12日，亦即将当日的收市价跟第13日之收市价相比。

▶摆动指数的技术含义

提起摆动指数，我们有很多种构造方法，但它们的真实含义都差别不大。大部分摆动指数的曲线也非常相像。我们顺着价格图表的底部来做摆动指数的图线，把它局限于一条水平方向的狭长区域里。此时，不论市场价格是上升、下降，还是持平，其摆动指数的区域基本上总是沿水平方向发展的。当然，摆动指数的顶点和低谷与价格图上的顶点和低谷是同时出现的。也有一些摆动指数的变化具有一个中间值，从而摆动指数所在的水平区域就可以分为上半部和下半部。根据算法的不同，在摆动指数的上下边界之内，既可以标记成0到100的刻度，也可以标记-1到+1的刻度。

在实际的市场操作中，我们也可以把摆动指标当作一种趋势转向指标，并可在摆动指针图表中，附加一条指数移动平均线去进行分析。当摆动指针上破指数移动平均线时，可以视为买进信号；而当摆动指针下破指数移动平均线时，又可以视为卖出信号。

作为趋势反转信号的分析方法，我们可以观察摆动指针及市场价格是否出现背道而驰的情况。如果在上涨趋势中出现背道而驰的情况，表明上涨趋势将会出现转向，投资者可以考虑卖出；如果在下跌趋势中出现背道而驰的情况，则表明下跌趋势将会停止，投资者可以考虑趁低补仓。

摆动指标的演绎方法与相对强弱指数相同，但跟相对强弱指数比较，摆动指标更先给予投资者趋势转向信号，而相对强弱指数则能较准确地显示超买或超卖信号。关于相对强弱指数的问题，因为篇幅有限，在此不再做过多阐述。

> **摆动指数的三种用途**

在三种情况下，摆动指数最为有效。这三种情况对绝大多数摆动指数来说都是共同的。

1. 当摆动指数的值达到上边界或下边界的极限值时，最有意义。如果它接近上边界，市场就处于所谓的超买状态；如果它接近下边界，市场就处于所谓的超卖状态。这两种读数都是预警，表示当前的市场趋势已经走得太远，开始有些显得弱势。

2. 当摆动指数处于极限位置，并且摆动指数与价格变化之间出现了相互背离的现象时，通常也会构成重要的预警信号。

3. 如果摆动指数顺着市场趋势的方向穿越零线，那可能是重要的买卖信号。

> **摆动指数的应用法则**

1. OSC以100为中轴线，OSC>100为多头市场；OSC<100为空头市场。

2. OSC向上交叉其平均线时，买进；OSC向下交叉其平均线时，卖出。

3. OSC在高水平或低水平与股价产生背离时，应注意股价随时有反转的可能。

4. OSC的超买超卖界限值随个股不同而不同，使用者应自行调整。

蜡烛图技术总结

日本有句谚语："地基的深度决定墙的高度。"通过以上章节的学习，我们可以看到市场条件和环境对蜡烛图技术的影响无处不在。因此，在识别和应用蜡烛图信号时，对市场之前的趋势发展的观察和分析至关重要。

下面，我们把蜡烛图技术中的要点进行最后的综合整理。

1. 蜡烛图只是一个技术分析工具，而不是一个金融投资系统。要时刻牢记止损指令的重要性。

2. 当分析单根蜡烛线时，它的实体和影线应该同时考虑。当蜡烛线的实体逐渐变小时，意味着先前的趋势已经开始失去力量。

3. 蜡烛线的实体长度越长，推动市场向前发展的力量就会越大。反之，蜡烛线的实体长度越短，推动市场向前发展的力量就会越小。

4. 无论是东方的蜡烛图信号，还是西方的技术分析信号，如果同时确认了支撑线或阻挡线，那么在该支撑线上获得反弹或是在该阻挡线上开始回补的可能性就会加大。

5. 在市场上涨趋势中，如果出现一系列长长的下影线，则预示着牛方已经没有足够的力量主导市场的方向。

6. 在蜡烛图技术中，上升窗口代表着看涨的持续形态，而下降窗口则代表着看跌的持续形态。上升窗口的整个区域都可以构成一个支撑区域，其中最重要的区域就是上升窗口的底部位置。下降窗口的整个区域都可以构成一个阻挡区域，其中最重要的区域则是下降窗口的顶部位置。

7. 蜡烛图信号可以显示出支撑和阻挡的区域，但不能提供目标价位。当支撑线或阻挡线被收盘价击破时，才应该考虑当前防守阵地的失守。

8. 如果您发现一个重要的反转信号，只有在该反转信号指向市场的主要趋势时，才能考虑建立新的头寸。

9. 投资者最好等到蜡烛图信号交易结束时再来识别它是不是具有反转意味。而且，永远不要在没有考虑好某项交易的潜在风险与收益的比率时，盲目使用蜡烛图进行交易。

10. 上吊线需要收盘价低于上吊线实体的一个蜡烛线信号作为它看跌的相互确认。